KB161672

옥조정진경

옥조정진경

玉照定眞經

郭璞撰 · 張顒註
김정혜 역

　　欽定四庫全書　子部七　術數類五　命書相書之屬의　玉照定眞經一卷은　晉의　郭璞(곽박), (276~324)이　撰하였고　張顒(장옹)이　注를　하였다. 술수파의　대표자라　할　수　있는　곽박의　자는　景純이고　河東　聞喜사람이다. 곽박이　저술한　본문은　장옹과　서자평　두　사람의　주석으로　세상에　알려지고　있다. 장옹이　주석한『玉照定眞經』은　年, 月, 日, 時, 胎, 納音　등으로　사주를　철저히　고법으로　분석하였고, 서자평이　주석한『玉照神應眞經』은　납음　등　대부분의　고법이론을　배제하고　분석하였으며, 본문이『옥조정진경』과는　일부　다른　부분도　있다.

　　장옹이　주석에서　"삼명이　均平(균평)하면　長久하니　태과하면　氣를　내려야　하고, 불급하면　氣를　旺하게　해야　한다"[1]고　하였다. '균평'은　곧　오행의　조화나　중화를　뜻하고

---

1) "三命均平者, 久長也. 不犯太過不及者也. 又太過者要降氣, 不及者要旺氣也."

있다. 그런데 서자평 역시 '균평'이라는 단어를 똑같이 사용하고 있다. 이 부분에서 장옹이 고법으로 주석한 『옥조정진경』을 서자평이 『옥조신응진경』을 주석하기 전에 알았을 것으로 思料되니, 『옥조정진경』이 시대적으로 앞선다고 볼 수가 있겠다.

사고전서 제요를 살펴보면 장옹은 어느 곳의 사람인지 알지 못하고 강남 방언이 많이 보여 本書와 注가 모두 장옹 한 사람의 손에서 나온 듯하다고 했다. 그러나 『옥조정진경』舊本에 진의 곽박이 찬했고 장옹이 주를 했다고 나와 있으니, 곽박의 저술임이 확인되었다. 다만 『진서』「곽박전」에는 이 책의 이름이 없다고 저자에 관한 眞僞(진위)를 말하고 있다.

곽박이 본문에서 말한 "前聖의 諸經에 시행한 것을 함께 一家의 論으로 지었다"[2]라고 하였는데, 이 부분에 대해서 장옹은 "郭公(곽공)이 諸聖이 시행한 것을 조종(근본)으로 삼아 (곽박이) 上文을 높인 것이다"[3]라고 했다. 『진서』「곽박전」에 "郭公이란 자가 하동에 객으로 와서 거처하면서 복서에 정밀하였는데, 곽박이 그에게서 수업을 받았다. 곽공은 『靑囊中書(청낭중서)』9권을 곽박에게 주었다. 이에 곽박은 마침내 오행 천문 복서를 깨우쳐 재앙을 물리치

---

2) "今施前聖諸經, 共作一家之論."

3) "郭公所施諸聖爲祖者, 以尊其上文."

고 禍를 福으로 바꾸는 등 두루 통달하여 경방이나 관로라 하더라도 능가할 수 없었다"고 하였다. 곽공이 곽박의 스승임을 알았고, 『옥조정진경』의 저자가 곽박임을 장옹의 주에서도 확인할 수 있었다.

　『옥조정진경』 본문에서 "四柱(사주)"라는 단어가 대략 다섯 번 이상 나온다. "四柱"는 현재까지 알려진 문헌 중에서 최초로 고유명사로 씌어졌다. 사주는 오늘날 사람들에게 통념적으로 사용되고 있는 단어이기 때문에 그 상징하는바 의미는 매우 크다.

　번역을 하다 보니 글자가 빠져 있거나 衍文이거나 문장 파악이 어려운 부분이 있었지만, 원문 글자 그대로 번역하도록 노력하였다. 『옥조정진경』은 중요한 내용이 함축되어 있고 문헌의 가치도 있어서, 본 역자가 앞서 공역한 『이허중명서』와 더불어 고전 명리연구에 중요한 명서임에 틀림없다. 앞으로 명리학자들이 연구하여 부족한 부분을 밝혀주고, 또한 명리전문가와 학우들이 공부하고 연구하는 데 작은 보탬이 되기를 바랄 뿐이다.

2016년 6월

김정혜

- 『옥조정진경』 본문과 장옹의 주를 분별하기 위해 장옹 주에는 [ ] 처리를 하였다.

- 제목 분류는 육친, 질병, 집안, 직업, 길흉 등의 이론이 전체적으로 섞여 있어 주된 내용이나 중요한 조목을 기준하여 정하였다.
  제목에서 18. 總之(총지)에는 三奇 六義 등의 몇 부분을 제외하고는 앞의 문장을 다시 반복, 요약한 내용이 많았다.

- 한문 글자를 아래와 같이 대략 통일하였다.

陰 → 陰	値 → 値	卯 → 卯	為 → 爲
郷 → 鄕	奇 → 奇	闢 → 闢	將 → 將
宫 → 宮	兌 → 兌	遊 → 遊	狀 → 狀
虚 → 虛	吳 → 吳	緑 → 綠	争 → 爭
逺 → 遠			

• 원서와 참고문헌

『玉照定眞經』, 文淵閣四庫全書電子版, 迪志文化出版有
　　限公司, 2003.

『李虛中命書』, 文淵閣四庫全書電子版, 迪志文化出版有
　　限公司, 2003.

『珞琭子三命消息賦注』, 文淵閣四庫全書電子版, 迪志文
　　化出版有限公司, 2003.

『珞琭子賦注』, 文淵閣四庫全書電子版, 迪志文化出版有
　　限公司, 2003.

『玉照神應眞經』, 古今圖書集成.

朱伯崑著, 『易学哲学史』, 昆仑出版社, 2005.

郭璞著 張顒註, 孟良編輯, 『玉照定眞經白話例題解』,
　　中州古籍出版社出版, 1994.

廖名春, 康學偉, 梁韋弦著, 『周易硏究史』, 湖南出版社,
　　1991.

廖名春, 康學偉, 梁韋弦著, 심경호 역, 『周易哲學史』, 예
　　문서원, 2004.

이허중주, 김정혜·서소옥·안명순 공역, 『이허중명서』, 한
　　국학술정보, 2012.

目錄

臣等謹案, 玉照定真經一卷, 舊本, 題晉郭璞撰, 張顯註, 考晉書璞傳 不言璞有此書 隋志唐志宋志, 以及諸家書目, 皆不著錄. 惟葉盛菉竹堂書目, 載有此書一冊, 亦不著撰人, 盖晚出依託之本. 張顯亦不知何許人. 勘驗書中多涉江南方言, 疑書與注文, 均出自張顯一人之手, 而假名於璞以行. 術家影附往往如此, 不足辨也. 其書世罕傳本, 僅元明人星命書, 偶一引之. 今檢永樂大典所載, 首尾備具, 猶為完帙. 雖文句不甚雅馴, 而大旨頗簡潔明晰. 猶有珞琭子及李虛中命書遺意. 所言吉凶應驗, 切近中理, 亦多有可採, 如論年儀月儀 六害 三奇 三交四象之類, 尤多所闡. 命書相書之屬, 臣發惟推及外親女婿, 以曲説穿鑿, 不免牽強附會耳. 盖舊本相傳, 要有所受究, 非後來杜撰者所能及, 故錄而存之, 備星命家之一種焉.

乾隆四十六年九月　恭校上.

　　　　總纂官, 臣紀昀, 臣陸錫熊, 臣孫士毅.
　　　　　　總校官, 臣陸費墀.

신 등이 삼가 『옥조정진경』 한 권을 살펴보건대 구본에 晉의 郭璞(곽박)이 撰하고 張顒(장옹)이 註를 했다고 썼는데, 晉書 璞傳을 살펴보니 박에게 이 책이 있음을 말하지 않았고 隋志 唐志 宋志 및 제가의 書目에도 기록이 나타나지 않으며, 오직 葉盛의 녹죽당 書目에만 書 1책이 등재되었는데 역시 지은 사람을 드러내지 않았으니 아마도 뒤에 의탁본을 낸 듯하며 장옹도 어느 곳의 사람인지 알지 못한다. 조사해보니 書 중에 강남 方言이 많이 보이니 아마도 본서와 주문(注文)이 모두 장옹 한사람의 손에서 나왔는데 박에게 이름을 가탁하여 행한 듯하며, 술가들의 影附(영부)가 왕왕 이와 같으니 분별할 것이 못 된다.

그 책이 세상에 전해지는 것이 드문데 겨우 元·明人의

星命書에서 우연히 이것을 발탁했다. 이제 영락대전에 등재된 것을 검토해보니 처음과 끝이 갖추어져서 그래도 완질로 여겨지며, 비록 文句가 매우 바르고 온당하지는 않으나 大旨가 제법 간결하고 명석하여 오히려 낙록자 및 이허중명서의 남겨진 뜻이 있다.

길흉응험을 말한 것이 적절하게 이치에 맞으며 또 채용할 만한 것이 많이 있으니, 예컨대 年儀, 月儀, 六害, 三奇, 三交四象을 논한 부류들은 더욱 천명할 것이 많다.

命書相書 등은 (臣이 생각하건대) 外親이나 여서(女壻)에 이르기까지 바르지 못한 이론으로 천착하여 견강부회를 면치 못할 뿐인데, 이것은 구본이 서로 전해지며 반드시 받아서 연구할 바가 있다. 후세의 출처가 없는 잘못된 글에 미칠 수 있는 바가 아니므로, 이것을 기록하고 보존하여 星命家의 一種으로 구비한다.

건륭 46년(1781) 9월, 삼가 교열하여 올림.
총찬관 신 기윤, 신 육석웅, 신 손사의. 총교관 신 육비지.

玉照定真經

張顒註

1. 壽夭(수요)

卦逢生氣天德合, 世世長年.

卦가 生氣와 천덕합을 만나면 대대로 장수한다.

注云, 生氣三合生方者, 為生氣. 亥卯未人在亥, 申子辰人在申, 巳酉丑人在巳, 寅午戌人在寅, 須要日時也. 又云, 長生亦名生氣, 甲乙木到亥, 丙丁火到寅, 戊己土壬癸水到申, 庚辛金到巳, 此名干陰生氣也. 上更帶天月德合者, 尤為長壽, 及數世之延長耳.

[注云, 生氣 三合 生方이 곧 生氣이니, 亥卯未人은 亥에 있고 申子辰人은 申에 있고 巳酉丑人은 巳에 있고 寅午戌人은 寅에 있는데, 반드시 日時에 있어야 한다. 또 長生도 生氣라고 이름하니, 甲乙木이 亥에 이르고 丙丁火가 寅에 이르고 戊己土와 壬癸水가 申에 이르고 庚辛金이 巳에 이르면 이것을 干陰(干支) 生氣라고 이름한다. 위에 다시 천월덕합을 지니는 경우에는 더욱 장수하여 몇 대까지 연장된다.

天德者,　正丁二坤三壬四辛五乾六甲七癸八艮九丙十乙十一巽十二庚. 天德合者, 與本命命干合或支合帶天德合. 假令己亥木人六月甲寅日時, 六月天德在甲, 甲又建廟, 又有天德, 又有干合, 世世長壽耳. 假令壬子木人四月辛亥日時, 四月天德在辛, 木到亥長生, 然無干合以應. 假令丁未水人三月壬午日辛亥時, 亥卯未生氣, 三月壬為天德合耳. 假令庚午土人己卯月土甲申日,[1] 二月天德在坤, 甲己又合, 庚午土長生在申. 外倣此.

天德은 正月은 丁, 二月은 坤, 三月은 壬, 四月은 辛, 五月은 乾, 六月은 甲, 七月은 癸, 八月은 艮, 九月은 丙, 十月은 乙, 十一月은 巽, 十二月은 庚이며, 天德合은 本命의 命과 干合이나 支合하면 천덕합이 되는 것이다. 가령 己亥木人이 6월 甲寅日이나 時일 경우에는 6월은 天德이 甲에 있으므로, 甲은 또 建廟(건묘)가 되고 천덕이 있고 간합이 있으니, 대대로 장수한다. 가령 壬子木人이 4월 辛亥日時일 경우에는 4월 天德이 辛에 있으므로 木이 亥에 이르면 長生이 되지만 干合으로 응함은 없다. 가령 丁未水人이 3월 壬午日 辛亥時일 경우에는 亥卯未生氣이고 3월 壬이 천덕합이 된다. 가령 庚午土人이 己卯월 甲申日인 경우에

---

1) 己卯月土의 土는 衍文인 듯함.

는 2월은 天德이 坤(申)에 있고 甲己가 또 합이 되며, 庚午
土의 長生이 申에 있는 것이다. 그 밖의 것도 이와 같다.]

身命逢刑返尅時, 必須夭賤.

身命이 刑을 만나고 時에게 尅을 당하면 반드시
요절하고 천하다.

注云, 支與納音也. 凡人身命日時尅破者, 夭賤也. 假令辛
巳金人五月丙寅日時, 寅刑巳, 下火又尅金, 故為夭賤耳. 假
令壬申金四月乙巳日時, 乙巳火四月旺, 巳又刑申, 故祿廢之
地, 必大敗. 假令庚午土人壬午日時, 壬午自刑, 正月木甲,
木又尅土, 故應上文. 外倣此.

[注云, 身命은 지지와 납음이다. 무릇 사람의 身命과 日
時가 극파하면 요절하고 賤(천)하다. 가령 辛巳金人이 5월
丙寅日이나 丙寅時인 경우에는 寅이 巳를 刑하고 지지火
가 또 金을 극하므로 요절하고 천한 것이다. 가령 壬申金
人이 4월 乙巳日이나 乙巳時인 경우에는 乙巳火는 4월에
旺하고 巳는 또 申을 刑하므로 녹이 폐지되는 자리이니 반
드시 大敗한다. 가령 庚午土人이 壬午日 時인 경우에는 壬

午는 自刑이고, 正月은 甲木이며 木은 또 土를 극하므로 윗글에 상응한다. 그 밖의 것도 같다.]

四陽俱立, 定知難有陰尊.

네 陽이 함께 있으면 틀림없이 母親(모친)이 있기 어려움을 알 수 있다.

注云, 陽干多而陰干少也. 陽干者, 甲丙戊庚壬爲陽干也. 若胎月日時中, 帶陽干盛陰干孤見者, 定母不壽也. 一若時犯尅者, 少年母死, 不犯尅者, 亦在二十五歲或中年, 母先死. 假令甲子年金甲爲陽, 丙寅月火丙爲陽, 戊申日土戊爲陽. 甲寅時水甲爲陽, 丁巳胎土丁爲陰干也. 上應四陽俱立, 一陰尊人先主亡化也.

[注云, 陽干이 많고 陰干이 적은 것이다. 陽干은 甲 丙 戊 庚 壬이 양간이다. 만약 胎月日時 중에 양간이 성하고 음간이 孤虛(고허)함을 지니면 틀림없이 모친이 장수하지 못하니, 만일 時가 극을 범하면 소년에 모친이 죽고 극을 범하지 않으면 또한 25세나 中年에 모친이 먼저 죽는다. 가령 甲子년 金은 甲이 陽이고, 丙寅월 火는 丙이 陽이며, 戊申일

土는 戊가 陽이고, 甲寅시 水는 甲이 陽이며, 丁巳胎土이면
丁은 陰干이다. 위 경우는 四陽俱立에 해당되니 一陰 있더
라도 음존인(모친)이 먼저 사망한다.]

陰覆全逢, 不見陽尊老壽.
음에 덮여 있음을 온전히 만나면, 부친이 늙도록
장수함을 보지 못한다.

注云, 陰干多而陽干少也. 乙丁己辛癸爲陰干也. 若四柱中
陰盛陽衰者, 定陽父不壽也. 假令乙丑年金乙爲陰也, 戊寅月
土戊爲陽, 丁未日水丁爲陰, 癸卯時金癸爲陰, 己巳胎木己爲
陰. 只戊寅爲陽, 外四陰一陽也, 犯陽父先死也.

[注云, 陰干이 많고 陽干이 적은 것이다. 乙 丁 己 辛 癸
가 음간이다. 만약 사주 중에 陰이 성하고 陽이 쇠하면 틀
림없이 양부(부친)가 장수하지 못한다. 가령 乙丑년 金이면
乙이 陰이고, 戊寅월 土는 戊가 陽이며, 丁未일 水이면 丁
은 陰이고, 癸卯시 金은 癸가 陰이며, 己巳胎 木은 己가 陰
이니, 다만 戊寅만 陽일 뿐 그 밖에는 四陰一陽으로 陽을
범하니 부친이 먼저 死하는 것이다.]

2. 上下剋과 干支音剋(상하극과 간지음극)

時來破日, 音凶而干見還輕.

時에서 日을 破하면 音의 剋은 흉하나 干에서 만나는 것은 도리어 가볍다.

注云, 凡干剋在頭面, 音剋在身及四支也, 故干輕音重也. 假令辛巳金人得丁亥日時, 丁剋辛, 然干剋下有土生金, 見之輕耳. 主先貧而後富, 先賤而後貴. 又須詳太常在其中無氣之鄕, 而言之應耳. 假令辛巳金人得己丑日時, 己丑火剋辛巳金, 納音剋重而凶耳. 假令辛巳金人乙丑日乙未月丁亥時, 六月土旺金印, 故得丁鬼爲官也. 若五月乙丑日丁亥時者, 爲鬼也.

[注云, 무릇 干의 극은 頭面(두면)에 있고, 音의 剋은 身과 四支에 있으므로, 干이 경하고 音이 중한 것이다. 가령 辛巳 金人이 丁亥 日 時를 만나면 丁이 辛을 극하나 干의 극이며 아래에 土가 金을 생하므로 만나는 것이 가벼운데, 주로 선貧 후富하고 선賤 후貴하니, 반드시 그중 無氣의 향에서 太常을 자세히 살펴야만 말이 상응한다. 가령 辛巳 金人이 己丑 日 時를 만나면 己丑火가 辛巳를 극하니 납음

의 극이 중하여 凶한 것이다. 가령 辛巳金人이 乙丑일 乙未월 丁亥시라면 6월은 土가 旺하고 金의 印이므로 丁鬼를 만나면 官이 된다. 만약 5월 乙丑일 丁亥시라면 鬼가 된다.]

患難官災, 遠近而自分得失.
환난과 관재는 원근에 따라 저절로 득실이 분별된다.

詳限四柱如何吉凶. 若返吟者, 他州死亡凶咎. 假令丁未水人得丁丑日時, 或丁丑日得丁未時辛未日時. 若伏吟者, 在家得失. 返吟者, 他處吉凶. 但本命日時, 又得本命爲伏吟. 若相衝則返吟, 値本命則伏吟, 本命本地吉, 返吟則他鄕吉.

[사주의 어떠한 것이 길흉인지 자세히 헤아려야 한다. 返吟(반음)의 경우에는 他州에서 사망하는 재난이 있으니, 가령 丁未水人이 丁丑 日時를 만나거나 혹은 丁丑日이 丁未時나 辛未日時를 만나는 것이다. 伏吟(복음)인 경우에는 집에 득실이 있고 반음은 타처에 길흉이 있다. 다만 本命의 日時가 다시 또 本命을 만나면 伏吟이 되고 만약 相沖하면 반음이 되는데, 本命을 만나면 복음이 되므로 本命은

本地가 吉하고 반음은 타향이 길하다.

又云若相刑者, 見旺氣尅身則官事凶. 假令戊申土人正月甲寅月甲辰日己巳時, 甲爲戊之鬼, 己巳木又刑戊申土. 如此則有刑鬼旺木旺刑己身, 因官凶患.

또 相刑인 경우에 旺氣가 身을 尅함을 만나면 官事가 흉하니, 戊申土人이 正月甲寅月 甲辰日 己巳時인 경우에는 甲은 戊의 鬼가 되고 己巳木은 또 戊申土를 刑하니, 이와 같으면 刑과 鬼가 있어서 旺木이 자신의 身을 刑하여 官의 흉환이 있다.

若死氣多經難, 休氣多經患耳. 假令庚午土人, 八月庚子日土乙卯時, 土休囚, 則防脾病而終. 假令壬申金人, 壬寅月金乙未日金丙戌時土, 春水休金囚, 又逢刑日防囚刑禁而後, 有病凶. 又云, 見干則近支, 又次下納音, 又遠視於遠近耳. 在胎主小年, 月主初年, 日主中道, 時爲末也.

만약 死氣가 많으면 어려움을 겪으며, 休氣가 많으면 환난을 겪는다. 가령 庚午土人이 8월 庚子日土에 乙卯時일 경우에는 土가 休囚되니 脾病으로 죽음을 방비해야 한다. 가령 壬申金人이 壬寅月金에 乙未日金에 丙戌時土인 경우에는 봄에는 水가 休가 되고 金은 囚이니, 다시 또 刑日을 만나면 형벌을 당한 뒤에 病과 凶이 있는 것을 방비해야 한다.

干을 볼 때에는 支를 가까이하고 그다음은 납음이며 또 멀리 원근을 보는 것이니, 胎에서는 少年, 月은 초년, 日은 중년, 時는 말운을 주관한다.]

兩分交戰, 識取尊卑.
둘로 나뉘어 교전하면 존비를 알게 된다.

年尊胎次月又次日又次, 時爲卑也. 凡遇上尅下爲順, 下尅上則逆, 不可下尅上也. 若時破胎者, 祖破敗, 破月門及父敗, 破日身及弟兄妻財敗. 外倣此.

[年이 높고 胎가 그다음이며, 月이 또 그다음이고 日이 또 그다음이며, 時는 낮은 것이다. 上에서 下를 극하는 것은 順이고 下에서 上을 극하는 것은 逆이니, 下는 上을 극해서는 안 된다. 만약 時가 胎를 파하면 祖가 파패하고 月을 파하면 집안과 父가 패하고 日을 파하면 身과 兄弟妻財가 패한다. 나머지도 이와 같다.

凡命尅干主輕, 尅音尤重耳. 假令庚子年丙戌月壬寅日戊申時丁丑胎, 此者乃應. 時干尅日干, 日干尅月干, 月干尅年干也. 此雖傷尊人, 而於身輕忌之兆耳. 假令庚子年土壬午月木壬申日金甲辰時火, 此者應. 時納音尅日, 日尅月, 月尅主也. 此言上下尊人壽數夭賤之兆爾.

命이 干을 극하는 것은 가볍고 音을 극하면 더욱 무겁다. 가령 庚子年 丙戌月 壬寅日 戊申時 丁丑胎일 경우에 이러한 것이 곧 해당하는 것이니, 時干이 日干을 극하고 月干이 年干을 극하는데 이것은 비록 尊人을 손상하나 身에게는 꺼리는 조짐이 가볍다. 가령 庚子年土 壬午月木 壬申日金 甲辰時火일 경우에 이러한 것이 해당되니, 時납음이 日을 극하고 日이 月을 극하고 月이 主를 극하는데 이것은 上下尊人의 수명이 夭賤한 조짐을 말한 것이다.]

三犯月胎, 祖宗尤禍.

月胎를 세 번 범하면 祖宗에게 더욱 禍患(화환)이 있다.

注云, 二三犯納音月胎者, 言祖上尊人久禍患耳. 假令甲辰火為胎月, 在日時有丁丑水丙午水者, 定破祖尊人早亡敗之兆也.

[注云, 납음과 월태를 두세 번 범하면 祖上과 尊人이 오래도록 禍患이 있다. 가령 甲辰火가 胎月이고 日時에 丁丑水 丙子水가 있는 경우에는 틀림없이 祖尊人을 파하여 일찍 패망할 조짐이다.]

3. 職業(직업)

丙戌丁甲, 時運戌亥, 道士僧人.

丙·戊·丁·甲生이 時나 運에 戌亥가 있으면 도
사나 승려가 된다.

注云, 甲丙戊也丁,[2] 多見戌亥者, 道士僧人也. 或曰門戶出
僧人也. 假令甲戌人乙亥月丁亥日辛亥時者, 是也. 但甲丙戊
重見戌亥者, 應上文耳.

[注云, 甲·丙·戊·丁이 戌亥를 많이 만나면 도사나 승
려가 되거나 혹은 문호에서 승려가 나온다. 가령 甲戌人이
乙亥月 丁亥일 辛亥時인 경우가 이것인데, 다만 甲丙戊에
戌亥를 거듭 만나면 上文(위 본문)에 해당된다.]

魁罡上見, 往來加臨, 獄官屠訟.

괴강이 上에 나타나 왕래 加臨하면 옥관이나 도살

---

2) 也는 衍文인 듯함.

하고 송사하는 사람이 된다.

辰戌往來四柱見之, 為公吏獄人屠兒鬪訟不義之人. 又云若
四柱旺官相財得者, 因不義而得也. 不相得者, 主不義而愚下
爾. 又云若旺多在辰戌者, 為獄官也. 相多在辰戌者, 為不道
之人也. 死囚休廢者, 為屠兒獄吏爭訟不義之人也. 假令庚辰
年丙戌月庚戌日庚辰時, 九月金相之氣, 所勝廢因不義而見財
也. 假令庚戌年壬辰月壬辰日庚戌時者, 因其氣多, 則為獄訟
口也. 假令戊午年壬戌月壬辰日庚辰時, 此因氣多, 則為獄訟
口舌不義之道耳. 倣此.

[辰戌이 왕래하는 것이 사주에 보이면 公吏 獄人(옥인)
도살하는 사람이나 鬪訟(투송)하거나 불의한 사람이 된다.
만약 사주에 旺官 相財를 얻은 경우에는 不義로 인하여 얻
은 것이며, 相이 이루어지지 않으면 의롭지 않고 어리석을
뿐이다. 만약 旺하면서 辰戌이 많이 있으면 옥관이 되며,
相에 辰戌이 많이 있으면 不道한 사람이며, 死囚休廢된 경
우에는 도살하는 사람이거나 獄吏(옥리)나 쟁송하고 不義
한 사람이다. 가령 庚辰年 丙戌月 庚戌日 庚辰時인 경우에
9월은 金相의 氣이니, 승폐하는 바는 不義로 인하여 財를
만나며, 가령 庚戌年 壬辰月 壬辰日 庚戌時는 그 氣가 많

기 때문에 獄訟(옥송)이나 구설이 되며, 가령 戊午年 壬戌月 壬辰日 庚辰時는 氣가 많기 때문에 옥송 구설 不義의 길이 된다. 그 밖에도 이와 같다.]

寅申庚甲, 商路吏人
寅申과 庚甲이 있으면 상인이나 관리가 된다.

寅為功曹主曹吏, 申為傳送主道路. 上又見庚甲者, 商路或公吏人也. 又云甲為青龍, 庚為白虎, 白虎主道路, 青龍主文書財物, 故上言耳. 假令庚寅人甲申月時, 或甲申人甲申日, 或子午卯酉諸命, 但有庚甲寅申者, 應上文也.

[寅은 곧 功曹이니 曹吏(조리)를 주관하고, 申은 傳送(전송)이니 도로를 주관하며, 干上에서 또 庚甲을 만나면 商路나 公吏人이 된다. 甲은 청용이고 庚은 백호이니 백호는 도로를 주관하고 청용은 문서와 재물을 주관하므로, 위에서 말한 것이다. 가령 庚寅人이 甲申月時이거나 甲申人이 甲申日이거나 혹 子午卯酉가 모두 있는 命에 다만 庚甲寅申이 있는 것이 上文에 해당된다.]

子午逢之, 他鄕外立.

子午가 庚甲을 만나면 타향에서 立身한다.

子午爲陰陽二路, 上見庚甲者, 主他鄕外立也. 爲庚甲二干,
至水火之眞路而敗也. 假令甲子人, 逢庚戌甲午日時. 外頗同.

[子午는 음양의 두 길이니, 干上에 庚甲을 만나면 주로
타향에서 立身하는데, 庚甲 두 干이 水火의 眞路에 이르러
敗이기 때문이다. 가령 甲子人이 庚戌 甲午日時를 만나는
것이다. 그 밖의 것도 거의 같다.]

癸乙壬加卯酉, 男女私情.

癸乙壬에 卯酉를 가하면 남녀가 私情이 있다.

癸爲玄武, 乙爲六合, 壬爲天后. 卯酉爲私門, 忌之. 男女多
姦私也. 假令乙卯年壬午月癸亥日乙卯時, 此應耳.

[癸는 玄武, 乙은 六合, 壬은 天后이고 卯酉는 私門이니
꺼리는 것이므로, 남녀가 姦私(간사)함이 많다. 가령 乙卯
년 壬午월 癸亥일 乙卯시가 여기에 해당된다.]

乙辛丁巳亥酉, 官事陰人常有.

乙辛丁巳亥酉는 官事(관청일)와 陰人(부녀자)에게 항상 있는 것이다.

乙六合主私事, 辛太陰主暗昧, 丁主女人, 巳亥赤口主口舌, 酉門户, 故言官事陰人常有也. 假令丁卯人乙巳月辛酉日己亥時, 應爾. 外頗同.

[乙은 六合이니 私事를 주관하고 辛은 太陰이니 暗昧를 주관하며, 丁은 女人을 주관하고 巳亥는 赤口이니 구설을 주관하고 酉는 門户이므로 관사와 陰人에게 항상 있다고 말한 것이다. 가령 丁卯人이 乙巳월 辛酉일 己亥시가 여기에 해당된다. 그 밖의 것도 거의 같다.]

4. 干神支墓, 上下吉凶(간신지묘, 상하길흉)

干神支墓, 須詳上下吉凶.

天干神과 地支가 墓에 들면 반드시 상하의 길흉을
자세히 살펴야 한다.

干者, 天干也. 支者, 十二支也. 下者, 納音也. 辨三才入墓,
詳其上下言之. 凡干者, 甲乙在未, 丙丁到戌, 庚辛到丑, 戊
己壬癸到辰. 此者, 干墓也. 凡有干墓, 若無旺氣者, 墓也. 有
旺氣者, 庫也. 假令甲寅人十月乙未日己卯時, 十月相, 又得
乙, 禄在卯復旺相, 有未非墓也. 假令甲子人五月丙申日乙未
時, 五月甲乙休. 又日時全敗, 此者墓也.

[干은 천간이고 支는 十二支이며, 下는 납음이다. 三才
入墓를 분별하고 그 上下를 살펴서 그것을 말해야 한다.
무릇 干은 甲乙은 未에, 丙丁은 戌에, 庚辛은 丑에, 戊己壬
癸가 辰에 이르면, 이것이 干의 묘이다. 干의 墓는 만약 旺
氣가 없으면 墓이고 왕기가 있으면 庫이다. 가령 甲寅人이
十月 乙未日 己卯時면 十月은 相이고 또 乙을 만나면 禄이
卯에 있으므로 다시 旺相이니 未는 墓가 아니다. 가령 甲

子人이 五月 丙申日 乙未時라면 五月은 甲乙의 休이고 또 日時가 전부 敗이니 이것이 墓이다.

支者, 寅卯逢未, 巳午到戌, 申酉見丑, 亥子辰戌丑未到辰. 納音者, 木未, 火戌, 金丑, 水土辰. 又云干防尊老, 同身尅防 同類妻妾, 下防陰小也. 故自古今言辰戌丑未, 防害爲五墓在 焉. 今以正上文而應爾. 假令甲子人正月乙丑日時, 先庫後納 音墓終, 有陰死亡人兆. 假令甲子人四月乙未日時, 墓在未在 尊長爾. 假令丙子水人四月壬辰日時, 支與音同墓. 上尊人中 陰人妻妾下陰小. 外倣此.

支란 것은 寅卯가 未를 만나고, 巳午가 戌에 이르고, 申 酉가 丑을 만나고, 亥子辰戌丑未가 辰에 이르는 것이다. 납음은 木은 未, 火는 戌, 金은 丑, 水와 土는 辰이다. 干은 尊老(웃어른)를 방비하고 同身이 극하면 처첩동류를 방비 하며, 下는 여자나 아이를 방비해야 한다. 자고로 辰戌丑 未의 防害는 곧 五墓가 있기 때문이니, 이제 이것으로 上 文을 바르게 함이 거기에 해당한다. 가령 甲子人이 正月 乙丑日時인 경우에는 庫가 먼저 납음이 뒤이며 묘가 마지 막이니, 여인의 사망하는 조짐이 있다. 가령 甲子人이 四月 乙未日時인 경우에는 墓가 未에 있으니 존장이 거기에 있으며, 가령 丙子水人이 四月 壬辰日時인 경우에는 지지와 납음의 墓가 같으며, 上은 尊人이고 中은 음인(부녀자) 처첩이며 下는 여자아이이다. 그 밖에 것도 이와 같다.]

德合與吉干相逢, 視於遠近.
德合과 吉干이 서로 만나면 원근을 보아야 한다.

德合者, 陽干德日女,[3] 陰干在支合也. 甲德自干, 乙德在庚, 丙德自干, 丁德在壬, 戊德自干, 己德在甲, 庚德自干, 辛德在丙, 壬德自干, 癸德在戊也.

[德合은 陽干의 德은 自干이며 陰干은 支合에 있다. 甲의 덕은 自干이고 乙의 덕은 庚에 있고, 丙의 덕은 自干이고 丁의 덕은 壬에 있고, 戊의 덕은 自干이고 己의 덕은 甲에 있고, 庚의 덕은 自干이고 辛의 덕은 丙에 있고, 壬의 덕은 自干이고 癸의 덕은 戊에 있다.

相逢者, 視其合也. 若合在胎者遠合, 合月者初合, 合日者近合, 合時者, 晚德也. 假令乙未金人七月庚申日時, 七月金

---

3) 日女는 自干이 되어야 함.

旺, 又得庚申日, 此發早近立耳. 假令甲子人正月甲寅日時,
以與同推也. 假令乙丑人五月庚戌日時, 五月乙庚敗, 又落空
亡自合凶耳. 凡陽干德在已禄, 陰德在夫也. 倣此.

相逢(상봉)은 그 合을 보는 것이니, 만약 合이 胎에 있으
면 遠合이고 月과 합하면 初合이고 日과 합하면 近合이고
時와 합하면 晩德이다. 가령 乙未金人이 七月庚申日時면
七月은 金이 旺인데 다시 또 庚申을 만나면 이것은 발달이
이르고 가까이 서는 것이다. 가령 甲子人이 正月 甲寅日時
인 경우에도 똑같이 추리한다. 가령 乙丑人이 五月 庚戌日
時면 五月은 乙庚合이 패하며, 또 空亡에 떨어지고 自合할
뿐이다. 陽干의 덕은 禄에 있고 陰干의 덕은 夫(지아비)에
있다. 그 밖의 것도 이와 같다.]

甲寅辛丑, 定因官事刑凶.

갑인과 신축이 있으면 반드시 官事(관청일)로 인
하여 刑凶이 있다.

甲爲功曹, 主功吏曹官. 辛到丑, 在甲之官墓也. 下有辛丑,
丑土傷甲寅水, 故有因官而刑咎之象耳. 假令甲寅月水辛丑日

時, 但有二干下尅上者, 是也.

[甲은 조공으로 공리조관을 주관하며, 辛이 丑에 이르면 甲의 官墓이다. 下(甲寅납음)이 辛丑이 있으면 丑土가 甲寅水를 손상하므로, 官으로 인하여 刑咎의 상이 있는 것이다. 가령 甲寅月水에 辛丑日時면 다만 二干이 下尅上하는 것이 이 경우이다.]

癸未庚申, 盜賊亡歿.
癸未와 庚申은 도적으로 죽는다.

癸者玄武, 到未為折足. 庚白虎, 到申臨亭. 白虎主道路, 道路見玄武, 故主盜賊而死亡, 或道路而退敗之兆. 假令庚申日癸未時應耳, 但有此二干音者應也.

[癸는 玄武인데 未에 이르면 折足이며, 庚은 白虎인데申에 이르면 臨亭인데, 백호은 道路를 주관하니 도로에서현무를 만나므로 도적으로 사망하거나 도로에서 퇴패하는조짐을 주관하는 것이다. 가령 庚申日 癸未時가 여기에 해당하는데, 다만 이 두 干音이 해당된다.]

火逢盛土, 見庚而生向途中.

火가 왕성한 土를 만나고 庚을 만나면 길 가운데
에서 산다.

火有土多, 則化而為土. 庚者白虎, 白虎主道路. 若有庚午
庚子庚辰者, 定在道路生也. 假令戊子納音火人, 丁巳月土庚
午日庚辰時, 應耳.

[火에 土가 많으면 변화하여 土가 된다. 庚은 백호이니
白虎는 도로를 주관한다. 만약 庚午 庚子 庚辰이 있으면
반드시 도로에서 살게 되니, 가령 戊子납음 火人이 丁巳月
土 庚午日 庚辰時일 경우에 여기에 해당된다.]

5. 疾病(질병)

戊己俱氣休囚, 而生大疾.

戊己가 함께 氣가 休囚되면 大疾이 생긴다.

戊寅己卯見者, 防生大疾. 不然, 四肢風病之象. 又云若在甲相者, 以主上疾, 在休囚, 更爲應耳. 假令己未年火癸酉月金庚子日土戊寅時土, 八月土休, 戊己又休, 戊者戊也. 此干爲休氣之病者, 令人左癱右瘓, 手足不安. 見重者, 主大風疾也. 或曰戊寅日外全見者, 主門戶出大風疾之人也. 年月日時胎, 視在胎月主門戶尊人, 日時主巳身妻子也. 假令戊寅人土, 十月己卯日時, 十月土囚, 主己身妻子之咎倣此.

[戊寅己卯가 보이면 大疾 발생을 막아야 하니, 그렇지 않으면 四肢에 풍병이 생긴다. 만약 甲相이 있으면 上疾을 주관하고 休囚가 있으면 다시 또 응한다. 가령 己未年火 癸酉月金 庚子日土 戊寅時土인 경우에 8월은 土가 休이니 戊己도 休이며 戊은 戊이다. 이것은 干이 休氣의 병이 되면 사람으로 하여금 왼쪽 중풍 오른쪽 중풍으로 수족이 불안하게 되며, 거듭 보이면 大風疾이 있다. 혹은 戊寅日이

밖으로 온전히 보이면 門戶(집안)에 대풍질의 사람이 나온
다. 年·月·日·時·胎 중에 태월에서 보이면 문호나 존
인을 주관하고 日時에 보이면 자신과 처를 주관한다. 가령
戊寅人土 十月(壬戌) 己卯日時면 10월은 土가 囚이니 자신
과 처자가 흉하다. 그 밖에 것도 이와 같다.]

丙丁亥子, 投於江水溝河.
丙丁이 亥子를 만나면 강수나 구하에 던져진다.

丙到亥, 丁到子. 日時見之, 主投江河. 因水而凶災也. 又須
視無合而言之. 若丙見辛亥, 丙辛化眞水而旺耳. 丁人見壬子,
丁壬化木而在丁相生, 不爲前說. 若非二干上文應耳. 假令丙
子人四月丁亥日時, 丁丑人二月丙子日時, 皆應上文耳.

[丙이 亥丁에 이르고 丁이 子에 이르는 것이니, 日時에
서 이것을 만나면 江河에 던져진 것이므로 물로 인하여 凶
災를 만난다. 또 반드시 合이 없음을 보고 말해야 하니, 만
약 丙이 辛亥를 만나면 丙辛이 眞水로 변하여 旺하다. 丁
人이 壬子를 만나면 丁壬이 木으로 변하고 丁에 相生하니,
앞의 說에 해당되지 않는다. 두 干이 아니면 上文에 해당

하지 않으니, 가령 丙子人이 四月(癸巳月) 丁亥日時이거나 丁丑人이 二月(癸卯月) 丙子日時면 모두 上文에 해당된다.]

巳午庚辛, 男女病多心血.

巳午가 庚申을 만나면 男女가 心血의 병이 많다.

庚辛金也, 巳午火也. 火下金上, 辛巳庚午見之. 壬生者男女多病心血之災. 假令庚午日辛巳時, 應耳.

[庚辛은 金이고 巳午는 火이다. 火가 아래에 金이 위에 있으므로 辛巳와 庚午가 그것을 만난 것이니, 남녀가 心血의 병이 많다. 가령 庚午日 辛巳時가 해당한다.]

甲申乙酉, 小兒風多病肝經.

甲申 乙酉는 소아의 간경에 風疾이 많다.

甲乙木也, 申酉金也. 木上金下, 甲申乙酉見之. 主小兒多病肝風之災. 假令乙酉日甲申時, 應耳. 外頗同.

[甲乙은 木이고 申酉는 金이다. 木이 上, 金이 下에 있으

므로 甲申 乙酉가 그것을 만난 것이니, 소아에게 肝風의
병이 많다. 가령 乙酉日 甲申時가 이에 해당된다. 그 밖의
것도 거의 같다.]

辛卯庚寅, 尤忌大人勞骨病.

辛卯와 庚寅은 성인의 骨을 고달프게 하는 病을
더욱 꺼린다.

金上, 木下. 庚辛主筋骨, 寅卯主山林, 山林主身. 身既爲金
所尅, 尤忌勞血内氣之病. 假令辛卯日庚寅時, 應耳.

[金이 上, 木이 下에 있다. 庚辛은 근골을 주관하며 寅卯는
山林을 주관하고, 山林은 몸을 주관하는데 몸이 이미 金에게
尅을 당했으므로 血内의 氣를 고달프게 하는 병을 크게 꺼
리는 것이다. 가령 辛卯日 庚寅時가 그것이다.]

門中有土, 上全而腰脚須沈.

門 중에 土가 있으면 上은 온전하나 허리와 다리

는 반드시 침체된다.

卯酉主門戶, 又主關格. 己卯己酉全而見之, 主腰脚沈滯之
象. 或門戶有也, 依四柱主限言之見矣.

[卯酉는 門戶를 주관하고 또 關格을 주관하니, 己卯와
己酉가 그것을 만나면 허리와 다리가 침체되는 형상이 있
다. 혹 門戶가 있으면 사주에 의하여 주로 말을 제한함을
본다.]

申巳雙加, 遇刑則臂肢有患.
**申과 巳가 쌍으로 加하여 刑을 만나면 팔과 사지
에 병환이 있다.**

申巳爲胷爲臂. 申人巳日時, 巳刑申, 又見相尅, 主此應耳.
假令壬申金人乙巳火日時, 巳火到申金故應耳.

[申과 巳는 가슴과 팔이다. 申人이 巳日時면 巳가 申을
형하고 또 상극을 만나니, 여기에 해당한다. 가령 壬申金
人이 乙巳日時면 巳火가 申金에 이르기 때문이다. 그러므
로 이에 해당한다.]

丙丁歲日癸壬, 眼目之灾.

丙丁人이 癸壬을 만나면 眼目의 재앙이 있다.

丙丁火人能照物象, 人眼目忌為壬所尅. 故此假令丙子人二月壬子日時, 應終防眼目之灾也.

[丙丁火人은 物象을 비출 수 있는데 사람의 眼目은 壬에게 극을 당함을 꺼리므로, 가령 丙子人이 二月(辛卯月) 壬子日時면 응당 眼目의 재앙을 막아야 한다.]

甲乙居前見庚辛, 忌為頭面.

甲乙이 앞서 있으면서 庚辛을 만나면 頭面(두면)의 病을 꺼린다.

甲乙木也, 主頭面. 庚辛金也, 主已有所傷, 忌於頭面. 假令甲子日庚午時, 若與本干為鬼者尤凶, 不尅輕應耳.

[甲乙은 木으로 두면을 주관하고 庚辛은 金으로 손상하는 바가 있으므로 두면을 꺼린다. 가령 甲子日 庚午時일 경우에 本干이 鬼가 되면 더욱 흉하며, 극하지 않으면 가볍다.]

水土同來寅卯, 平生隔氣風痰.

水土가 寅卯에 함께 오면 평생토록 隔氣風痰(격기 풍담)의 병이 있다.

水土為身到寅卯, 主風痰之病也. 假令戊申土人三月乙卯日 戊寅時, 此水土日到寅卯. 外倣此.

[水土가 身일 경우에 寅卯에 이르면 풍담의 병을 주관하 니, 가령 戊申土人이 3월(병진월) 乙卯日 戊寅時라면 이것은 水土人이 寅卯에 이르는 것이다. 그 밖에 것도 이와 같다.]

再入天罡, 小腸腹急.

水土가 다시 天罡(辰)에 들어가면 소장과 배에 급 한 병이 생긴다.

水土到辰, 為聚墓之地. 若二象同見入辰位者, 主小腸腹急 病, 女人血氣之疾耳. 假令庚子年土壬辰日時, 水土同會辰中, 主男子小腸, 女人血海. 外倣此.

[水土가 辰에 이르면 墓가 모이는 자리가 된다. 만약 두 象이 함께 辰位에 들어감이 보이면 소장과 배에 급한 병과

여인의 혈기의 질환을 주관한다. 가령 庚子年土 壬辰日時라면 水土가 함께 辰 중에 모이니, 남자는 소장이고 여인은 血海의 병을 주관한다. 그 밖의 것도 이와 같다.]

五行十干畧定一端, 其外參詳依經用法.

오행과 十干은 한 가지 단서를 대략 정한 것이니, 그 밖의 것은 經에 의한 용법을 참고하여 자세히 살펴야 한다.

五行, 金木水火土也. 十干者, 甲乙丙丁戊己庚辛壬癸, 十干也. 十二支者, 子丑寅夘辰巳午未申酉戌亥也. 甲乙主頭面, 丙丁主肢膈眼目, 戊己主脾胃腹肚, 庚辛主筋骨四肢, 壬癸主腰腎血海. 支者, 未頭午面, 申巳肾背, 夘酉中膈, 辰胃肚, 寅亥膝, 子丑為足.

[五行은 金・木・水・火・土이고 十干은 甲・乙・丙・丁・戊・己・庚・辛・壬・癸 十干이며, 十二支는 子・丑・寅・夘・辰・巳・午・未・申・酉・戌・亥이다. 甲乙은 頭面, 丙丁은 肢膈眼目(지격안목), 戊己는 脾胃腹肚(비위복두), 庚辛은 筋骨四肢, 壬癸는 腰腎血海를 주관하며, 지지

는 未는 頭, 午는 面, 申巳는 흉배, 卯는 中膈, 辰은 胃肚, 寅亥는 膝, 子丑은 발이 된다.

五行者, 金主肺, 木主肝, 水主腎血, 火主心眼熱病, 土主脾胃內氣, 凡在上, 見行年太歲逢休氣而言. 故上文立一端, 而取百千及萬也. 須要臨時, 識造化耳. 假令丙子水人六月丁卯日時, 六月丙火休又丁卯火休, 此生心眼關膈中主有病. 詳太歲到尅日時處, 爲灾期. 假令乙卯歲乙食丁水尅火, 此應灾期. 外倣此. 分三主而言之妙.

五行은 金은 肺, 木은 肝, 水는 腎血, 火는 心眼熱病, 土는 脾胃內氣를 주관한다. 위에서는 行年과 태세가 休氣를 만남을 보고 말했으므로, 上文에 하나의 단서를 세워 천백만을 취한 것이니, 반드시 時(때)에 임하여 조화를 알아야한다. 가령 丙子水人이 6月 丁卯日時면 6月은 丙火가 休, 丁卯火가 休하니 이 사람은 心眼關膈 중에 병이 있다. 태세가 日時를 극하는 곳에 이르면 재난을 기약하는데 가령 乙卯歲에는 乙의 食은 丁이고 (납음)水는 火를 극하니 재난을 기약하는 것이다. 그 밖의 것도 이와 같다. 三主로 나누어 말한 것이 妙하다.]

6. 家門(가문)

東金西木, 定生五逆之男.

東의 金과 西의 木은 반드시 五逆의 자식을 낳는다.

東方青龍六合木位, 不愛金也. 西方白虎太陰金位, 不愛木
也. 却有金木交雜者, 主門戶生五逆之子也. 不則子孫多不定
也. 假令癸卯日時或辛酉日時, 皆納音逆. 若乙酉辛卯者, 干
逆也. 非但本命, 其外見干音逆者, 倣此.

[東方은 청용, 六合本位이니 金을 좋아하지 않으며, 西方은
백호, 태음本位이니 木을 좋아하지 않는데, 金木의 교잡이 있
으면 문호(가문)에 五逆의 자식을 낳거나, 그렇지 않으면 자
손이 대부분 不定하다. 가령 癸卯日時이거나 辛酉日時면 모
두 납음이 거스리며, 乙酉辛卯는 干이 거스린다. 本命뿐 아니
라 그 외에 干과 音이 만나 거스리는 것도 이와 같다.]

丙北壬南, 必有破逃之客.

北의 丙과 南의 壬은 반드시 破逃(파도)의 객이 있다.

水火相易也, 各離本位, 故丙子壬午爲倒也. 其外甲申乙酉庚寅辛卯癸巳丁亥, 皆易離本位, 定主逃移人口背外之人也. 假令庚寅人甲申日時, 或甲申人庚寅日時, 丙子人壬午日時. 外倣此.

[水火는 서로 배반하며 각각 本位를 떠나므로, 丙子와 壬午는 倒(도)가 된다. 그 외에 甲申 乙酉 庚寅 辛卯 癸巳 丁亥도 모두 本位를 거스리고 떠나므로, 반드시 도피하는 사람과 등지고 외면하는 사람을 주장한다. 가령 庚寅人이 甲寅日時이거나 甲申人이 庚寅日時이거나 丙子人이 壬午日時의 경우이다. 나머지도 이와 같다.]

壬多艮坎, 道士須尊.

壬에 艮坎이 많으면 도사로서 반드시 높게 된다.

壬主水也. 水數一, 萬物從一生二, 二生三, 三生萬物也. 艮者丑也, 坎子也. 子丑爲宮觀. 故犯子丑位壬水多者, 定出僧道九流之人也. 假令壬子人壬寅月子丑日時, 倣此.

[壬은 水를 주관하니, 水의 수는 一이고, 만물은 一로부터 二를 生하고, 二는 三을, 三은 만물을 生한다. 艮은 丑

이고 坎은 子이며, 子丑은 宮觀이다. 그러므로 子丑位를 범하는 壬水가 많으면 반드시 僧道와 九流人[4]이 나오는 것이다. 가령 壬子人이 壬寅月 子丑日時가 이와 같은 것이다.]

戌亥連陰, 家生盜賊.

戌亥가 陰에 이어지면 집에서 도적이 나온다.

戌亥天空, 連陰者, 壬癸水多也. 如逢壬戌癸亥全見者, 主門户生盜賊之人也. 外頗同此.

[戌亥는 天空이며 陰에 이어진다는 것은 壬癸水가 많은 것이니, 예컨대 壬戌癸亥가 온전히 보이는 것을 만나면 집안에서 도적질하는 사람이 생긴다. 그 밖에도 거의 이와 같다.]

丑中立癸, 甲見而釋教之人.

丑 중에 癸가 서 있으니, 甲이 보이면 석교인(불교인)이다.

---

4) 아홉 갈래의 학파, 곧 유가(儒家), 도가(道家), 음양가(陰陽家), 법가(法家), 명가(名家), 묵가(墨家), 종횡가(縱橫家), 잡가(雜家), 농가(農家).

丑為十二月之盡也, 甲為十干之初. 又云功曹為道士, 义首
尾二干見, 本干有休囚氣者, 為僧道耳. 假令甲寅人五月癸丑
日時, 五月甲休癸上囚, 應上文耳.

[丑은 12월의 끝이고, 甲은 十干의 처음이다. 功曹는 도
사이니, 처음과 끝의 두 干이 보이고 本干에 휴수의 氣가
있으면 승도가 된다. 가령 甲寅人이 五月癸丑日時면 五月
은 甲이 休이고 癸는 囚이니, 윗글에 해당된다.]

乙犯天罡, 陰人媒氏.

乙이 천강을 범하면 陰人媒氏(중매모씨)가 나온다.

六乙人或乙日卯辰全者, 主門戶出陰人媒人巫婆藥婆之象.
假令乙亥人卯日辰時, 應門戶出耳.

[六乙人이나 乙日에 卯辰이 전부 있으면 집안에서 陰人
媒人인 巫婆 藥婆의 象이 나온다. 가령 乙亥人이 卯日 辰
時면 집안에서 나온다.]

甲乙同來寅卯, 定出長髮師姑.

甲乙이 寅卯에 함께 오면 반드시 장발의 師姑(사고, 여승)가 나온다.

甲寅乙卯全也. 若更在旬日空亡, 尤爲應耳. 如甲辰旬中甲寅乙卯, 甲子旬中甲戌乙亥, 甲戌旬中甲申乙酉, 甲午旬中甲辰乙巳, 甲申旬中甲午乙未. 外倣此.

[甲寅 乙卯가 모두 있는 것이다. 만약 다시 旬日空亡이 있으면 더욱 여기에 해당된다. 예컨대 甲辰旬 중에 甲寅乙卯, 甲子旬 중에 甲戌乙亥, 甲戌旬 중의 甲申乙酉, 甲午旬 중의 甲辰乙巳, 甲申旬 중의 甲午乙未이다. 나머지도 이와 같다.]

庚辛向申酉之方, 人亡兵刃.

庚辛이 申酉의 方을 향하면 사람이 兵刃에 亡한다.

庚申辛酉全也. 若更在大旺之鄕者, 凶兆. 假令寅人得庚申辛酉全者, 主應. 又云辛酉癸酉全者, 亦應. 但金多在申酉金地大生大旺者, 主之.

[庚申辛酉가 전부 있는 것이다. 만약 다시 大旺의 향에 있으면 흉조이니, 가령 寅人이 庚申 辛酉 전부를 만나면 주로 해당하며, 또 辛酉 癸酉가 전부 있어도 해당된다. 다만 金이 申酉金地에서 大生大旺하면 이것을 주장한다.]

當生有虎, 怕入山巖, 狼虎之傷, 歲刑足病.

당생에 虎가 있으면 山巖(산암)에 들어가는 것을 두려워하니, 호랑이에게 손상당하고, 歲에서 刑을 만나면 족병이 있다.

六庚為白虎, 見寅卯也. 非鬼干見之, 小應而輕, 正尅干音尤重. 假令甲申人得庚寅重, 庚寅得庚寅輕. 應歲刑足病疾者, 是歲尅干音之年. 假令庚寅日歲到丙申, 尅干也, 當有口舌官事. 如見壬申, 當有傷. 如尅身, 當憂足病. 外頗同.

[六庚이 白虎이니 寅卯를 만나는 것이다. 鬼干이 그것을 만나서는 안 되니, 작게 응하면 가볍고 바로 干音을 극하면 더욱 무겁다. 가령 甲申人이 庚寅을 만나면 重하고 庚寅人이 庚寅을 만나면 경하다. 歲 刑을 만나면 足病이 있다는 것은 歲가 干音을 극하는 해이니, 庚寅日歲가 丙申에

이르면 干을 剋하니 마땅히 구설과 官事가 있으며, 가령 壬申을 만나면 마땅히 손상이 있으며, 만일 身을 극하면 족병을 근심하게 된다. 그 밖에 것도 거의 이와 같다.]

雀逢天后, 翅翼中道難安.

주작이 천후를 만나면 날개가 중도에 안전하기 어렵다.

六丙為朱雀, 六壬為天后. 二干見之, 須愼兄弟左右. 假令 丙子人得壬午日時. 外倣此.

[六丙은 주작이고 六壬은 천후이니, 두 干이 서로 만나면 반드시 형제와 좌우를 조심해야 한다. 가령 丙子人이 壬午日時를 만나는 것이다. 그 밖에 것도 이와 같다.]

戊己朝仁, 田宅而腫瘡獄訟.

戊己가 仁(木)을 향하면 田宅과 腫瘡(종창)과 獄訟(옥송)의 일이 있다.

六戊到寅, 或見甲. 六己到卯, 或見乙. 主田宅瘡痍刑獄. 倣此

[六戊가 寅에 이르거나 혹은 甲을 만나고, 六己가 卯에 이르거나 혹은 乙을 만나면 전택 창이 형옥의 일이 있다.]

癸丁加干, 鬼賊心血常行.

癸와 丁이 干에 가해지면 鬼賊(귀적)과 心血의 질환이 늘 행한다.

六丁見六癸也. 小人鬼賊心血之疾耳, 防上灾.

[六丁이 六癸를 만나는 것이니, 小人鬼賊과 심혈의 질환을 방비해야 한다.]

青龍與六合逢金, 男女尊人之禍.

청룡과 六合이 金을 만나면 男女尊人의 재앙이 있다.

甲青龍到申, 或見庚. 乙六合到酉, 或見辛. 主尊長陰小之禍患耳. 詳三主言之.

[甲은 청룡인데 申에 이르거나 庚을 만나며, 乙은 六合

인데 酉에 이르거나 辛을 만나면 존장 부녀자 소인의 禍患 (화환)이 있다. 三主를 상세히 말하였다.]

太陰失路, 平生婦女之憂.
太陰이 길을 잃으면 평생 부녀의 근심이 생긴다.

六辛到無氣之地, 多防陰人病滯憂耳. 假令丙戌人辛卯日 時, 辛絶在卯, 又是丙妻也.

[六辛이 無氣의 자리에 이르면 陰人(부녀자)의 병과 근심 을 막아야 하니, 가령 丙戌人이 辛卯日時면 辛의 絶이 卯 에 있으며, 丙의 妻이다.]

天后狂情到魁罡, 忌於身厄.
천후광정이 괴강에 이르면 신액을 꺼린다.

六壬爲天后, 見辰戌, 多有水土之病. 不爾, 陰人暗昧, 多厄 滯也.

[六壬은 天后인데 辰戌을 만나면 水土의 病이 있으며,

그렇지 않으면 陰人이 暗昧하여 厄滯(액체)가 많다.]

六癸還生, 四柱旺相, 鬼賊奔流, 休囚腎病.

六癸가 還生하여 四柱가 旺相하면 鬼賊이 奔流(분류)하고 휴수되면 腎病이 있다.

癸在亥子申, 無土者, 多奔流而不定. 在休囚之鄕者, 主血胃病耳.

[癸가 亥子申에 있고 土가 없으면 멋대로 흘러서 안정되지 않으며, 休囚의 향에 있으면 血胃병이 있다.]

休囚九干墓死, 而九病之原.[5]

十干이 休囚하고 墓死를 만나면 오래된 병의 근원이 된다. (九干이 休囚하고 墓死를 만나면 九病의 원인이 된다.)

---

5) 休囚九干墓死, 而九病之原는 休囚十干墓死, 而久病之原인 듯함.

四時取休囚言之. 辛卯肝病, 庚寅骨病, 乙酉肺病, 丙子心病, 癸巳足病, 癸丑目病, 戊寅脾病, 見休囚而言之. 假令壬午人二月壬辰日時, 當憂婦人血病中道耳. 假令甲子人四月甲申日時夏木休見甲申, 當憂男子腎病耳. 倣此.

[四時에서 휴수를 취함을 말한 것이다. 辛卯는 肝病, 庚寅은 골병, 乙酉는 肺病, 丙子는 心病, 癸丑은 目病, 戊寅은 脾病이니, 휴수를 만난 것을 말한다. 가령 壬午人이 二月壬辰日時면 마땅히 중년에 부인의 血病을 근심하게 되며, 가령 甲子人이 四月甲申日時라면 夏時에는 木이 休가 되니 甲申을 만나면 마땅히 남자의 腎病을 근심하게 된다.]

7. 吉凶(길흉)

月德雙加有合, 而十分作福.

月德이 쌍으로 加하고 合이 있으면 충분히 복을
이룬다.

寅午戌丙辛月合月德, 亥卯未甲己德合, 申子辰丁壬德合,
巳酉丑乙庚德合. 若單見月德者, 有德行貴人扶助也. 更有合,
尤佳也. 假令丙寅人甲午月丙戌日辛卯時也. 假令壬申人十一
月壬子丁巳日丁未時, 丁壬十一月德合重也. 假令甲人二月己
卯日甲子時, 二月月德在甲己月合.

[寅午戌月에 丙辛合이면 月德, 亥卯未에 甲己면 德合, 申
子辰에 丁壬이면 德合, 巳酉丑에 乙庚이면 德合이니, 만약
월덕을 만나면 덕행과 귀인의 의로움이 있으며, 다시 합이
있으면 더욱 아름답다. 가령 丙寅人이 甲午月 丙戌日 辛卯
時이다. 가령 壬申人이 11月 壬子月 丁巳日 丁未時면 丁壬
은 11月 덕합이며, 가령 甲人이 2月 己卯日 甲子時면 2月
의 월덕이 甲己月合에 있다.]

見陽而貴士多昇, 遇陰干陰人財力.

月德陽干을 만나면 貴士가 지위에 오르고, 월덕합
陰干을 만나면 陰人이 재력이 있다.

凡見月德陽干者, 主貴人扶助接引也. 見月合者, 主陰人用
力也. 假令甲子人二月甲辰日時, 二月月德在甲, 甲為陽干也.
假令甲子人二月己卯日時二月, 月合在己者, 應上文. 若全合
尤佳耳.

[月德陽干을 만나면 귀인이 扶助하고 接引하며, 月德合
을 만나면 陰人이 힘을 쓴다. 가령 甲子人이 2月 甲辰日時
면 2月 월덕이 甲에 있는데 甲은 陽干이며, 가령 甲子人이
2月 己卯日時면 2月 月合이 己에 있으니, 上文과 상응한
다. 만약 온전한 合이면 더욱 아름답다.]

尊卑同視, 十二宮所主何神.

尊과 卑를 함께 보고 12궁을 주관하는 것이 어떤
神인지를 본다.

干尊音卑, 同見視其吉凶. 十二宮者, 一命 二兄弟 三妻妾

四子孫 五財帛 六田宅 七官祿 八奴僕 九災厄 十福德 十一
相貌 十二父母也. 凡命生月上虛起神命, 陽順陰逆, 數之到
天上生時, 為命宮. 假令甲子男丙寅月辛巳日癸巳時丁巳胎,
更從生月上加子, 順數至天上生時為命宮. 從丙寅上起, 次丁
卯戊辰己巳庚午到辛未上見己巳命宮. 從辛未壬申癸酉甲戌
乙亥依宮起之. 若甲子陰人從未上逆行, 辛未一命, 庚午弟兄,
己巳三夫, 戊辰四子, 逆行耳. 又須與行年太歲, 相生相尅言
之. 外倣此.

[干은 尊이고 音은 卑이니, 그 길흉을 함께 본다. 12宮은
1命, 2형제, 3처첩, 4자손, 5재백, 6전택, 7관록, 8노복, 9災
厄, 10복덕, 11相貌, 12부모이다. 命은 生月上 神命이 虛起
하여 陽은 順 陰은 逆으로 세어 天上生時에 이르면 命宮이
다. 가령 甲子男人이 丙寅月 辛巳日 癸巳時 丁巳胎라면 다
시 生月上에 子를 가하여 順으로 세어 天上生時에 이르면
命宮이 되며, 丙寅에서 시작하여 丁卯 戊辰 己巳 庚午 辛
未 上에 이르러 己巳를 만나면 命宮이며, 辛未로부터 壬申
癸酉 甲戌 乙亥가 宮에 의하여 시작된다. 甲子 陰人은 未
上에서 역행하여 辛未 1命, 庚午 2형제, 己巳 3夫, 戊辰 4
자손으로 역행한다. 또 반드시 행년 태세와의 상생상극을
말해야 한다. 그 밖에 것도 이와 같다.]

三限, 見詳於四柱.

三限은 사주에서 상세함을 본다.

把三主, 月日時合十二宮言之. 假令二十五前, 將生月主事. 二十五已後五十之前, 將生日為主. 五十後, 時為主. 十五以前, 胎元主事. 將歲運, 共詳入那一宮, 應那一主耳.

[三主 파악은 月日時와 12宮의 합으로 말하는 것이니, 가령 25세 전에는 生月을 가지고 事를 주장하고, 25세 이후 50세 전에는 生日을 위주로 하며, 50세 이후에는 時를 위주로 하는데, 15세 이전은 胎元이 事를 주장하므로 세운을 취하여 어떤 한 宮으로 들어가 어떤 한 主와 應하는지를 함께 살펴야 한다.]

鬼逢生旺後生兮, 貴氣崢嶸.

鬼가 生旺을 만나고 뒤에 生을 만나면 貴氣가 崢嶸(쟁영) 하다.

言干與納音, 若干有制鬼者為官也. 若納音為鬼後有生鬼者, 納音為官也. 假令戊人先寅後甲中旺者, 官也. 納音者, 土以木為鬼, 鬼旺後, 有水生官也.

[干과 納音을 말한 것이니, 만약 干에 鬼를 제압하는 것이 있으면 官이 되며, 만약 납음이 鬼가 되고 뒤에 鬼를 생하는 것이 있으면 납음이 官이 된다. 가령 戊人이 先寅後甲하여 中旺하면 官이 되며, 납음 土는 木을 鬼로 삼으니, 鬼가 旺한 후에 水가 官을 생하는 것이다.]

進退干音識辨, 要明得失.
干과 납음의 진퇴를 식변하면 득실을 밝힐 수 있다.

若生干則尊人見喜, 旺相則因富貴人進身. 生納音則中下人吉, 或後人進旺. 返此則凶退耳. 假令庚逢己者生干也, 外干同推. 假令水逢金者亦佳, 返此為咎.

[만약 干을 생하면 尊人이 기쁨을 만나고, 旺相이면 富貴人으로 인해 進身하며, 납음을 생하면 中下人이 吉하거나 후인이 進旺하며, 이와 반대면 凶退한다. 가령 庚이 己를 만나면 干을 生하는 것이니, 그 밖의 干도 똑같이 헤아린다. 가령 水가 金을 만나도 아름다우며, 이와 반대면 흉하다.]

全逢本卦相應, 而出自尊顏.

本卦를 온전히 만나 상응하면 저절로 높이 드러난다.

木為身, 得亥卯未, 逢旺相. 火得寅午戌, 依上土得四季, 金
巳酉丑, 水申子辰. 但得本家卦, 更犯旺相者, 富貴矣. 假令
丙子水人庚子月土庚辰金日甲申時水, 十一月水旺, 又得申子
辰潤下卦. 又云水旺相無土, 則不成氣象. 金有土, 成用之象.
若不得時得本卦者, 乃客卦也, 似富貴, 而不貴也. 倣此.

[木이 身이고 亥卯未를 만나면 旺相을 만난 것이니, 火
가 寅午戌을 만나고, 土가 四季를 만나고 金이 巳酉丑을
만나고 水가 申子辰을 만나는 것도 그와 같다. 다만 본괘
를 만나고 旺相을 범하면 富貴하는 것이다. 가령 丙子水人
이 庚子月土 庚辰金日 甲申時水면 11月은 水旺이고 또 申
子辰을 만나면 潤下卦인데, 水旺相하고 土가 없으면 기상
을 이루지 못하고 金에 土가 있어야 쓸모 있는 象을 이룬
다. 만약 時를 만나지 않고 본괘를 만나면 客卦가 되니, 부
귀한 듯하나 귀하지 않다.]

返戰無功, 定出軍人作賊.

반전하면 功이 없으니, 틀림없이 군인에 나가서 賊(적)이 된다.

火爲身, 得申子辰. 水爲身, 得四季土. 土爲身, 得亥卯木.6)
木爲身, 得巳酉丑. 金爲身, 得寅午戌. 但卦返尅身者, 是也.

[火가 身일 때 申子辰을 만나고, 水가 身일 때 四季土를 만나고, 土가 身일 때 亥卯未를 만나고, 木이 身일 때 巳酉丑을 만나고, 金이 身일 때 寅午戌을 만나는 것이니, 卦가 身을 返尅하는 것이 이것이다.]

命前胎月, 再見墳塋.
命前에 胎月을 만나면 분영(무덤)을 다시 세운다.

凡命前一位, 逢胎月者, 再立墳坵之兆耳. 日時月推, 假令 甲子人丁丑月日時也, 此者破墳墓之兆. 凡陽干前一位, 陰干 後一位者, 是也.

[命前 一位에 胎月을 만나면 무덤을 다시 세울 조짐이다. 日時月로 추리하나, 가령 甲子人이 丁丑月日時면 이것은

---

6) 亥卯木은 亥卯未인 듯함.

분묘를 破할 조짐이다. 陽干은 前一位, 陰干은 後一位가
이것이다.]

命後逢之, 家宅難為建立.

命後에 이것을 만나면 가택을 건립하기 어렵다.

凡命後一位, 為破宅. 陽干後一位, 假令丙子人己亥月日時.
外倣此.

[命後 一位가 파택인데, 陽干이 後一位니, 가령 丙子人이
己亥月日時인 경우이다. 그 밖에 것도 이와 같다.]

生逢酉戌, 小人奴婢多憂.

酉戌을 相生으로 만나면 小人과 노비에게 우환이
많다.

如酉戌見金者, 多與小人奴婢憂患耳. 以酉為婢, 戌為奴,
故有此也. 假令酉日戌時. 外同.

[만일 酉戌이 金을 만나면 소인과 노인에게 우환이 많으

니, 酉를 婢로 戌을 奴로 여기기 때문에 이러함이 있는 것
이다. 가령 酉日戌時가 이 경우이다. 그 밖에 것도 같다.]

丁旺巽坤, 女子詩書好酒.

丁이 巽坤에서 旺하면 여자가 詩書를 잘하고 술을
좋아한다.

丁未酒女,[7] 丁巳詩女, 丁酉孤女, 丁卯玉女. 只丁巳丁未見
之, 主女子詩書, 巳酉出麗之人也. 假令見丁巳或丁未耳.

[丁未는 酒女, 丁巳는 詩女, 丁酉는 孤女, 丁卯는 玉女이
다. 다만 丁巳와 丁未를 만나면 여자가 詩書를 좋아하며,
巳酉는 빼어나게 고운 사람이다. 가령 丁巳나 丁未를 만나
는 것이다.]

龍常亥未卯寅同, 利路絲綿.

龍과 常에 亥卯未寅이 함께 있으면, 利路가 계속
이어진다.

---

7) 酒女는 酒女이어야 함.

申青龍巳太常,[8) 有亥未寅卯者, 主絲綿利路之道也. 假令甲寅人己亥日丁卯時是. 餘外同.

[甲은 청룡이고 己는 太常이니, 亥未寅卯가 있으면 利路의 길이 계속된다. 가령 甲寅人이 己亥日 丁卯時가 이 경우이다. 그 밖에 것도 이와 같다.]

甲乙壬癸全逢, 女作烟花之色.

甲乙壬癸가 모두 만나면 女子가 烟花之色(기생)이 된다.

甲乙木也, 壬癸水也, 水木太和, 則生色木也. 假令甲子人壬申月乙卯日癸未時, 甲乙壬癸全也. 主門戶出烟花之人. 外倣此.

[甲乙은 木이고 壬癸는 水이니, 水와 木이 너무 화합하면 色木을 생한다. 가령 甲子人이 壬申月 乙卯日 癸未時라면 甲乙壬癸가 전부 있으니, 집안에서 아지랑이와 꽃 같은 사람(기생)이 나온다.]

---

8) 申青龍巳太常은 甲青龍己太常이 되어야 함.

艮金瘦小, 離坎高雄.

艮金은 여위고 작으며, 離坎은 크고 웅장하다.

金為身到寅, 土為身到巳, 火為身在亥, 木為身到申, 水為
身到巳,[9] 凡遇此. 假令甲子金人得壬寅日時. 外離於高雄者,
若子午卯酉上帶旺氣者, 主為事高雄也, 不然身大也. 又云凡
上生下者小, 下生上者大, 納音也. 外同.

[金이 身일 때 寅에 이르고, 土가 身일 때 巳에 이르고,
火가 身일 때 亥에 이르고, 木이 身일 때 申에 이르고, 水
가 身일 때 己에 이르는 것이 모두 이 경우이다. 가령 甲
子金人이 壬寅日時를 만나는 것이다. 이외에 離坎高雄(이
감고웅)은 만약 子午卯酉上에 旺氣를 대동하면 일함이 높
고 웅장하며, 그렇지 않으면 身이 큰 것이다. 上에서 下를
생하면 작고, 下에서 上을 생하면 큰 것이니, 납음이다. 그
밖에 것도 같다.]

三丁二丙到金, 口舌生瘡.

三丁二丙이 金에 이르면 구설과 생창이 있다.

---

9) 身到巳는 身到己가 되어야 함.

為丙丁多而到申酉病死之地, 主口舌生病之非. 外壬癸到寅
卯則腎疾冷病, 甲乙到巳午則風肝之病, 戊己到寅卯則四肢脾
病, 庚辛到亥子則肺寒之病. 其外頗同.

[丙丁이 많을 때 申酉病死의 자리에 이르면 구설과 생병
의 허물이 있으며, 이외에 壬癸가 寅卯에 이르면 腎病과
冷病, 甲乙이 巳午에 이르면 風肝의 병, 戊己가 寅卯에 이
르면 四肢와 脾病, 庚辛이 亥子에 이르면 肺寒의 병이 생
긴다. 그 외에도 거의 같다.]

8. 太過不及(태과불급)

子午陰陽見盛衰, 兩分卦兆.

子午음양이 성쇠를 만나면 卦의 조짐을 양분한다.

凡火為午子為水木為卯金為酉, 不可盛又不可衰, 盛則太過
少則不及. 凡火太過則炎盛, 盛旺中有失. 水太旺則旺中有流,
木太過則折傷, 金太過則凶. 不及又不可剛, 均平可言耳. 假
令丙子水人癸巳月水癸亥日水癸亥時水甲申水胎, 水多則太
過, 太過則奔流而不定也. 若不及者絶敗之象, 須要盛, 盛則
要鬼, 衰則要生, 身敗有財不困. 外頗同.

[火는 午, 子는 水, 木은 卯, 金은 酉인데, 盛해서도 안
되고 衰해서도 안 되니, 성하면 태과하고 쇠하면 불급한다.
火가 태과하면 炎盛하여 盛旺 중에 잃음이 있고, 水가 太
旺하면 旺 중에 흘러감이 있고, 木이 태과하면 절상하고,
金이 태과하면 凶하니, 불급하면 강해질 수 없으니 균평해
야 말할 수 있다. 가령 丙子水人이 癸巳月水 癸亥日水 癸
亥時水 甲申水胎의 경우에 水가 많아서 태과하니, 태과하
면 멋대로 흘러서 안정되지 못한다. 만약 불급하면 絶敗의

象이니 반드시 盛하게 해야 하고 盛하면 鬼가 필요하고, 衰하면 生이 필요하다. 身이 敗하고 財가 있으면 막히지 않는다. 그 외에도 거의 같다.]

南多北少, 家破人亡.
南이 많고 北이 적으면 집안이 망하고 사람이 죽는다.

只有晝而無夜也, 純陽也. 假令戊辰年木, 丁巳月土, 己未日火, 庚午時土, 乃應辰巳午未, 陽多陰少也. 外見陽多者准此.
[다만 낮만 있고 밤이 없으니 純陽인 것이다. 가령 戊辰年木 丁巳月土 己未日火 庚午時土라면 곧 辰巳未午는 陽이 많고 陰이 적은 것이다. 외견상 陽이 많으면 여기에 준한다.]

返此之方, 女男消落.
이와 반대되면 女男이 몰락한다.

只有夜, 無晝也. 假令戌年亥月子日丑時見者, 應又主女男敗之兆.

[밤만 있고 낮이 없는 것이다. 가령 戌年 亥月 子日 丑時가 보이면 女男이 패할 조짐이다.]

東方全見, 妻兒難保長春.
東方만 보이면 처자가 오래 보존되기 어렵다.

只有東王翁也, 乃薰風中陽也. 假令寅年卯月辰日巳時, 應耳. 但東多者, 是也.

[東王翁만 있으니 곧 薰風 中에 陽이다. 가령 寅年 卯月 辰日 巳時가 이에 해당하니, 다만 東方만 많은 것이 이것이다.]

西望東衰, 金盛則家翁不吉.
西旺하고 東衰하여 金이 성하면 家翁(가옹)이 불길하다.

只有西王母也, 主尊人不吉之象. 假令申年未月戌日酉時戌胎, 應也.

[西王母만 있으면 존인이 불길한 상이니, 가령 申年 未月 戌日 酉時 戌胎가 그것이다.]

癸壬亥子, 工巧之人.
壬癸亥子가 있으면 工巧한 사람이다.

壬癸主智, 亥子又主智, 智者主巧性. 假令壬子人癸亥日時. 外倣此也.

[壬癸는 智를 주관하고 亥子도 智를 주관하는데, 智는 교묘한 성정을 주관한다. 가령 壬子人 癸亥日時의 경우이다. 그 밖에 것도 이와 같다.]

癸甲壬全, 髯人狡佞.
癸甲壬이 전부 있으면 수염이 나고 사람됨이 교활하고 아첨한다.

癸玄武, 甲主髯, 壬陰暗, 見之主髭. 假令甲寅人癸酉月壬日時, 主門户出此人也.

[癸는 현무 甲은 수염 壬은 陰暗이니, 그것을 見하면 콧수염을 주관한다. 가령 甲寅人이 癸酉月壬日時면 집안에 이러한 사람이 나온다.]

月胎歲合, 祖立他門.

月胎와 歲가 合이 되면 조상이 他門10)을 세웠다.

如丙戌年辛卯月, 或辛卯人丙戌胎, 頗同.

[예컨대 丙戌年 辛卯月이나 혹은 辛卯人 丙戌胎도 거의 같다.]

歲日朝時, 自身舍立.

歲와 日이 時를 향하면 자신이 본가를 떠나 타문을 세운다.

---

10) 他門은 ① 양자 출신, ② 혈통이 다른 남의 집안을 뜻함.

如庚人乙日時, 丙人辛日時, 是. 但歲干與日時干合者, 自
身舍居.

[예컨대 庚人 乙日時나 丙人 辛日時가 이것이다. 다만
태세의 干과 日時의 干이 合하면 자신이 거처를 버린다.]

合分內外, 取於進退之方.

合은 內外로 구분하며, 진퇴의 방향을 취한다.

有內合外合也. 假令甲人有己合為內合也. 丙辛丁壬戊癸乙
庚合, 非本有合者, 此為外合也. 主本有合者, 為內合也. 月
內合主內立, 外合主外立, 進退合而言之耳.

[內合과 外合이 있으니, 가령 甲人이 己合이 있으면 內
合이며, 丙辛 丁壬 戊癸 乙庚의 合은 本에 合이 있는 것이
아니면 이것은 外合이다. 主本에 合이 있으면 內合이며,
月內合은 主內에 있고 外合은 主外에 있으니, 진퇴의 合으
로 말한 것이다.]

9. 夫妻와 子女(부처와 자녀)

畧取其强, 足見夫妻之勢.

대체로 그 강한 것을 취하면 夫妻의 세력을 알 수
있다.

若夫在旺相之地者, 夫强. 妻在旺相之地者, 妻强. 假令庚
午人乙酉日時者, 夫强也. 申酉上, 庚旺乙敗也. 若乙卯者, 妻
强也. 假令在卯, 乙旺也. 倣此.

[만약 夫가 旺相의 자리에 있으면 夫가 강하며, 妻가 旺
相한 자리에 있으면 妻가 강하니, 가령 庚午人이 乙酉日時
면 夫가 강하다. 申酉上에는 庚은 旺이고 乙은 敗인데, 만
약 乙卯라면 妻가 강하다. 가령 卯에 있으면 乙이 旺하다.
이와 같다.]

合逢四位, 後來妻再立兒郎.

합이 四位에서 만나면 후처가 다시 자녀를 낳는다.

四重干合也, 假令甲子人己巳月丁卯日壬寅時, 甲己丁壬四
重合也. 應後妻立子. 外同.

[四重의 干合이니, 가령 甲子人이 己巳月 丁卯日 壬寅時
면 甲己 丁壬이 네 重으로 합하는 것이다. 이러한 경우에
는 후처가 자식을 세운다. 그 밖에 것도 같다.]

隔合居中, 妻子財門見破.

合을 격리시키는 것이 중간에 있으면 **妻子財門**이
파산한다.

有合人中, 有隔其合者也. 假令甲子人庚午月己卯日, 甲為
庚所隔, 故應上文. 假令丁人, 先有戊後見壬也. 其外倣此.

[合 가운데 그 合의 사이를 떼어놓는 것이 있는 것이니,
가령 甲子人이 庚午月 己卯日이면 甲이 庚에게 격리되므
로 윗글에 해당한다. 가령 丁人이 戊가 먼저 있고 뒤에 壬
을 만나는 것이다. 그 밖에 것도 이와 같다.]

造於偏地見多, 而二姓三名.

명조에 偏地를 많이 만나면 姓이 둘이고 이름이 셋이다.

合在無力之鄕, 臨破絶者, 是也. 假令乙庚合在寅丑之地, 又見戊癸合戌亥之地. 但合眞五行, 在墓絶之地者, 主此也. 假令甲己土乙庚金丙辛水戊癸火眞五行, 到墓絶之地, 多見者應. 假令甲子年己巳月甲己化眞土, 到巳火也. 己卯日乙丑時庚申胎, 乙庚化眞金到丑上, 墓絶. 故主二姓三名. 外同.

[合이 무력한 鄕에 있고 破絶에 임하는 것이 이것이니, 가령 乙庚合이 寅丑의 자리에 있고 戊癸合이 戌亥의 자리를 만나는 것이다. 다만 合의 眞五行이 墓絶의 자리에 있는 것이 이것이다. 가령 甲己土 乙庚金 丙辛水 戊癸火 등 眞五行이 묘절의 자리에 이르면 대체로 여기에 해당된다. 가령 甲子年 己巳月엔 甲己化하여 眞土가 巳火에 이르고, 己卯日 乙丑時 庚申胎엔 乙庚化한 眞金이 丑上에 이르면 묘절이 된다. 그러므로 성이 두 번 바뀌고 이름이 세 번 바뀌는 것이다. 그 밖에 것도 같다.]

時日暗投, 孤兒寡女.[11]

時日에서 天干이 지장간과 암합하면 고아나 義女
(의붓딸)가 된다.

主義兒女孤兒孩也. 癸巳辛巳壬午甲午丁亥戊子, 但時日見
暗合者, 是. 假令癸巳日時, 或戊子日時, 應耳.

[의붓딸이나 고아이다. 癸巳·辛巳·壬午·甲午·丁亥·
戊子 등이 時日에서 干과 支가 암합하는 것이 이것이니,
가령 癸巳日時나 戊子日時가 해당된다.]

地刑兩見, 他母所生.

地支의 刑이 두 개가 겹치면 他母가 낳은 자식이다.

犯地殺兩重也. 申子辰人兩見戌, 巳酉丑人兩見未, 寅午戌
兩見辰, 亥卯未兩見丑. 假令甲戌人戊辰月己未日戊辰時, 應
耳. 但一見地殺時, 居上者應耳. 外同.

[地殺을 범함이 겹치는 것이니, 申子辰人이 戌을 두 번
만나고 巳酉丑人이 未를 두 번 만나고 寅午戌人이 辰을 두

---

11) 寡女는 과부이므로 寡女는 義女가 되어야 함.

번 만나고 亥卯未가 丑을 두 번 만나는 것이다. 가령 甲戌人이 戊辰月 己未日 戊辰時면 여기에 해당하는데, 다만 地殺은 한 번만 만날 때에는 居上者에 해당한다. 그 밖에 것도 같다.]

壬乙於命敗之鄕, 出於偏房外妾.

壬과 乙이 命이 패하는 자리에 있으면 偏房(側室)이나 외첩소생이다.

壬天后主婦人, 乙六合主男子, 壬乙相會. 此二干名私門干, 主邪淫身不正之人也. 故主外婦, 小下奸妾所生也. 假令壬午人乙卯時, 或乙卯人壬辰時, 外同下則主此出身, 則主私奸. 外頗同.

[壬은 天后로 부인을 주관하고 乙은 육합으로 남자를 주관하는데, 壬과 乙이 서로 만나는 것이다. 이 두 干은 私門干이라 이름하여 邪淫(사음)과 身이 부정한 사람이다. 그러므로 壬午人이 乙卯時이거나 乙卯人이 壬辰時면 이러한 출신이니 私奸을 주장한다. 그 밖에 것도 거의 같다.]

干合身敗, 須信男女娼淫.

干合하고 身이 敗地에 이르면 반드시 남녀가 娼淫
(창음) 하다.

凡干合身到敗地者, 主男女娼淫之兆. 假令戊寅人土, 得癸
酉日時, 土敗在酉上見干合也. 假令庚午土人乙酉日時, 同.

[干合하고 身이 패지에 이르면 남녀가 창음한 조짐이 있
으니, 가령 戊寅人土가 癸酉日時를 만나면 土의 敗가 되는
酉의 上에서 干合을 만나는 것이다. 가령 庚午土人의 乙酉
日時도 같다.]

身到旺鄕有鬼者, 自須貴顯.

身이 旺鄕에 이르고 鬼가 있으면 반드시 貴顯(귀
현) 한다.

身如到建申之地, 有官貴者, 貴也. 有到食者, 財也. 假令庚
申木人丙寅日時, 辛卯木人丁卯日時, 癸卯金人丁酉日時, 辛
亥金人丁巳日時, 外見官見鬼, 干皆要旺者也. 外頗同.

[身이 만약 建申地에 이르고 官貴가 있으면 귀하게 되고,

到食이 있으면 財가 있다. 가령 庚申木人이 丙寅日時거나 辛卯木人이 丁卯日時이거나 辛亥金人이 丁巳日時인데, 이 외에서 官鬼를 만나면 천간은 모두 반드시 旺해야 한다. 그 밖에 것도 거의 같다.]

坎離子午丙壬重多, 兒女雙生.

坎離子午에 丙壬이 거듭 많으면 쌍둥이를 생산한다.

子午爲陰陽之路, 丙爲長男, 壬爲中女, 丙多或丁多, 到寅長生, 見三兩重長生者, 主雙生兒. 壬癸亥到申上者, 主女雙生也. 二三干到四位長生者, 主雙生兒女也.

[子午는 음양의 길이고, 丙은 장남 壬은 중녀이니, 丙이 많거나 丁이 많으면서 寅장생에 이르러 두세 번 장생을 만나면 주로 남아 쌍둥이며, 壬癸亥가 申上에 이르면 여아 쌍둥이를 생한다. 두세 干이 4位의 장생을 만나면 남녀 쌍둥이를 生한다.]

時與胎連月合, 必須延月.

時와 胎月이 합이 되면 반드시 출생월을 늦춘다.

生時與胎月合者, 主延月. 假令癸卯胎戊寅時也, 戊癸合.
或日與胎合者, 非也. 只言胎時應耳.

[생시와 태월이 합하면 월을 연기하여 출생하니, 가령
癸卯胎 戊寅時면 戊癸合이다. 日과 胎가 합하는 것은 아니
니, 다만 胎와 時만을 말한 것이다.]

辛多旺相, 老婦長年.
辛이 많고 旺相하면 老婦가 장수한다.

六辛為太陰, 太陰主婦人, 多而有旺相氣者, 定主陰人壽長
生. 假令辛卯人, 七八月辛巳日辛卯時. 外頗同.

[六辛은 太陰이고 太陰은 부인이니, 많으면서 왕상의 氣
가 있으면 반드시 陰人이 장수하니, 가령 辛卯人이 七八月
辛巳日 辛卯時가 이것이다. 그 밖에 것도 거의 같다.]

10. 推論(추론)

金盛逢刑, 非法亡沒.

金이 성한데 刑을 만나면 법에 어긋나게 망몰한다.

金為身, 見三刑尅身者, 定逢殺傷亡沒之灾也. 假令乙未金人得甲戌火日時, 戌刑未火尅金. 非但此例, 外見有刑身尅破之鬼.

[金이 身이고 三刑이 尅身함을 만나면, 반드시 살상망몰의 재앙을 만난다. 가령 乙未金人이 甲戌火日時를 만나면 戌刑未하고 火剋金하니, 이러한 예뿐만 아니라 외견상 刑身剋破의 鬼가 있는 것이다.]

甲逢壬癸, 生於江水之中.

甲이 壬癸를 만나면 江水 중에서 출생한다.

一重木四重水也. 假令一甲四壬癸也. 如壬寅定於江海迊水之地生也. 假令甲子年壬申月壬寅日癸卯時, 應耳.

[一重木에 四重水이니, 가령 1甲에 4壬癸이다. 예컨대 壬寅은 반드시 江海逝水地12)에서 생한다. 가령 甲子年 壬申月 壬寅日 癸卯時가 그것이다.]

遠泛他鄉, 孤木柱逢多水.

멀리 타향에서 떠도는 것은 孤木(하나의 木)이 四柱에서 많은 水를 만났기 때문이다.

木有一支水逢四柱, 此者飄蓬也. 假令己巳年木丙子月水, 逢癸巳日水癸亥時水, 水盛木少無根也, 飄蓬. 外倣此耳.

[木一支가 四柱에서 水를 만나면 이것은 일정치 않게 떠돌아다니는 것이니, 가령 己巳年木 丙子月水가 癸巳日水 癸亥時水를 만나면 水盛하고 木少하여 無根이므로 떠돌아다니는 것이다. 그 밖에 것도 이와 같다.]

辛乾巽丙, 術士醫流.

辛乾巽丙은 술사와 醫流이다.

---

12) 逝水(서수)는 逝川(서천)과 같은 뜻으로 흘러가는 냇물을 말한다.

或亥為天門為天醫, 辰巳為地戶為地醫, 丙灸醫師. 乾為老陽, 老陽主天門, 辛為針, 丙火又為灸藥. 故有此為九流之人也. 假令丙辰人, 見戌亥上有丙辛也. 或亥子人, 辰巳上有丙辛也.

[亥는 天門이고 天醫며, 辰巳는 地戶이고 地醫며, 丙은 灸醫師(구의사)이다. 乾은 老陽이니, 노양은 天門을 주관하며, 辛은 針이고 丙火는 뜸과 약이므로, 이러한 것이 있으면 九流의 사람이 되는 것이다. 가령 丙辰人이 戌亥上에 丙辛이 있거나, 亥子人이 辰巳上에 丙辛이 있는 것이다.]

干傷支有相刑, 生人斜眼.

干이 손상되고 支에 相刑이 있으면 사람이 斜眼(사팔눈)이 된다.

天干上尅我者, 干下有相刑身者, 主頭面眼目之患. 假令甲辰人得壬辰日時, 或庚辰日時. 但見到食鬼干無救者應. 假令丁丑逢癸未, 未刑丑癸尅丁, 外見同推耳.

[天干上에서 我를 극하고 아래에 相刑身이 있으면 頭面과 안목에 질환이 있으니, 가령 甲辰人이 壬辰日時나 庚辰

日時를 만나는 것이다. 到食鬼干을 만나고 구제가 없는 것이니, 가령 丁丑이 癸未를 만나면 未가 丑을 刑하고 癸가 丁을 극하니, 그 밖에도 똑같이 추리한다.]

旺中戊己, 兒孫為里內之官.

旺 중에 戊己가 있으면 자손이 마을 안의 관리가 된다.

假令六月七月戊己多見者, 主後人為鄉內之官也. 若利者富也, 假令戊己多見, 四月五月見之, 為財. 外同.

[가령 6월 7월에 戊己가 많이 보이면 후손이 향내의 관리가 된다. 만일 이로우면 부유하니, 가령 戊己가 많이 보이면 4월 5월에 그것을 만나면 財가 된다. 그 밖에 것도 같다.]

太乙與神后休囚, 陰謀爭訟.

太乙과 神后가 휴수되면 음모와 쟁송이 있다.

太乙者巳也, 神后者子也. 子主陰姪, 巳主爭訟, 見之時日主此耳. 假令子日巳時六月生, 六月水死, 巳火休. 外倣此.

[太乙은 巳, 神后는 子이다. 子는 陰媟(음음)을 주관하고, 巳는 쟁송을 주관하니, 이것을 時日에서 만나면 이러함을 주관한다. 가령 子日 巳時 6月生이면, 6月은 水가 死하고 巳火는 休이다. 그 밖에 것도 이와 같다.]

五陽前建, 定出淸官.

五陽이 앞에서 建旺하면 반드시 淸官이 나온다.

甲乙丙丁戊為陽干, 逢禄建財旺地者, 門出淸顯之人. 假令 戊午年火四月丁卯日乙巳時, 丁旺四月, 戊建又犯巳時, 戊丁乙皆前也. 外倣此.

[甲乙丙丁戊는 陽干이니, 禄建財旺地를 만나면 집안에서 청렴하고 현달하는 사람이 나온다. 가령 戊午年火가 4月 丁卯日 乙巳時면 丁은 4月에 旺하고 戊는 건록이 巳時에 해당하며, 戊丁乙이 모두 앞의 干이다. 그 밖에 것도 이와 같다.]

後五逢之犯刑空, 盜賊非刧.

뒤의 다섯(五陰)이 만나 刑과 空을범하면 도적이

나 되거나 비명횡사한다.

己庚辛壬癸也, 如犯刑害空殺者, 主非盜橫事之災. 假令庚午人辛巳月己亥日癸酉時壬申胎, 己亥空亡自刑劫殺, 癸酉自刑, 時金破日, 日破年, 月刑胎, 己庚辛壬癸見全也.

[己庚辛壬癸가 뒤의 다섯(五陰干)이니, 만약 형해공살을 만나면 도적이 아니면 횡사의 재앙이 있다. 가령 庚午人이 辛巳月 己亥日 癸酉時 壬申胎면 己亥는 공망 자형 겁살을 만나고, 癸酉는 자형이고 時의 金이 日을 破하고, 日은 年을 破하고, 月은 胎를 刑하니, 己庚辛壬癸가 모두 보인다.]

相衝辰戌, 丙戌居墓者, 終凶.
辰戌이 상충하고 丙戌가 墓에 머물면 마침내 흉하다.

辰戌土見母墓, 丙辰丙戌戊辰戊戌見者也.
[辰戌土가 母墓에 보이는 것이니, 丙辰・丙戌・戊辰・戊戌이 보이는 것이다.]

辰多, 而鬪訟官嗔.

辰이 많으면 투송과 관진이 있다.

辰主鬪訟, 故曰罡也.

[辰은 투송을 주관하므로 罡(강)이라 한다.]

戌見, 而凶頑小輩.

戌이 보이면 흉하고 완고한 소인배이다.

戌主虛詐小下之人, 故曰天魁也.

[戌은 허사한 소인을 주관하므로 天魁(천괴)라 한다.]

旬中六甲, 多主尊榮.

旬中에 六甲을 만나면 尊榮(존영)을 주관한다.

甲子旬得甲子, 甲戌旬得甲戌, 甲申得甲申, 甲午得甲午,
甲辰甲寅同, 為六甲旬中見六甲者. 更相得者, 尊榮. 若有氣
則貴, 無則近貴耳. 假令己卯人得甲戌日時, 己卯在甲戌旬中.

外倣此.

[甲子旬이 甲子를 만나고, 甲戌旬이 甲戌을 만나고, 甲申旬이 甲申을 만나고, 甲午旬이 甲午를 만나고, 甲辰과 甲寅旬도 같으니, 六甲旬 중에 六甲을 만나는 것이다. 다시 서로 만나면 존영하는데, 만약 氣가 있으면 貴하고, 없으면 貴를 가까이한다. 가령 己卯人이 甲戌日時를 만나면 己卯가 甲戌旬 중에 있다. 그 밖에 것도 이와 같다.]

天綱如逢日時, 散失.
天綱을 만약 日時에서 만나면 산실이 있다.

天綱者, 十干盡處為天綱也. 若逢六癸, 主其凶失人口, 不逢六癸, 尚免散失耳. 假令壬申人得癸巳日時, 是矣. 又云但六甲盡處, 定癸者是耳.

[천강은 十干의 끝을 천강이라 하니, 만약 六癸를 만나면 흉하여 人口를 잃는데, 六癸를 만나지 않으면 散失을 면한다. 가령 壬申人이 癸巳日時를 만나는 것이 그것이다. 六甲이 다한 곳은 곧 癸이다.]

木逢金盛, 配遞兒郎.

木이 왕성한 金을 만나면 자식이 번갈아 귀양을 떠난다.

木爲身, 四柱金尅身者, 是也, 日時最重. 假令壬子木人庚戌日辛巳時者應耳. 又云非但木人, 凡有尅身多者, 以此應.

[木이 身일 때 四柱의 金이 身을 극하는 것이니, 日時가 가장 중하다. 가령 壬子木人이 庚戌日 辛巳時면 여기에 해당한다. 木人뿐만 아니라 身을 극함이 많으면 여기에 해당한다.]

金上安仁, 門中耗散.

金 위에 木이 있으면 門中이 耗散한다.

卯酉爲門户, 凡卯上見土, 爲隔主隔塞, 爲門户生不遂之門. 又多生小兒瘡病. 假令春己卯日時, 春土死, 卯上見土. 外同酉上見木, 主門户小通, 終有耗散耳. 假令辛酉日時, 又論四時不得氣者重, 日得氣者輕也.

[卯酉는 문호이니, 卯上에 土를 만나면 隔(격)이 되어 막

힘을 주관하니 門戶에 이루지 못하는 문이 생기며, 또 소
아에게 창병이 많이 생긴다. 가령 春의 己卯日時면 봄에는
土가 死하니, 卯上에 土를 만나는 것이며, 酉上에 木을 만
나면 문호가 소통하는데 마침내 消耗와 散失이 있다. 가령
辛酉日時가 그것이며, 四時가 氣를 얻지 못하면 重하고 日
이 氣를 얻지 못하면 輕하다.]

五行太過, 復為怯敗之宗.
오행이 태과하면 怯敗(겁패)의 근본이 된다.

凡太過與不及同推, 假令辛未土人庚寅月, 木再犯庚寅時,
庚辛一片旺而罕制, 與弱同論.

[태과와 불급은 똑같이 헤아리니, 가령 辛未土人이 庚寅
月木인데 다시 庚寅時를 범하면 庚辛 一片만 旺하고 억제
가 적으니 弱과 같이 논한다.]

三命復元, 推之正道.
三命이 근본이니, 正道로써 추리해야 한다.

凡三命均平者, 久長也. 不犯太過不及者也. 又太過者要降氣, 不及者要旺氣也. 假令甲子人丙寅月戊寅日丙辰丁巳時, 又甲午丙寅, 又見寅, 若時却得退祿者, 元者, 本也. 要干不失其氣也. 假令甲乙東方丙丁南方戊己四季, 庚申辛酉壬癸亥子, 皆本氣, 須要均平耳.

[三命이 균평하면 長久한 것이니, 태과와 불급을 범하지 않아야 한다. 태과하면 氣를 내려야 하고 불급하면 氣를 旺하게 해야 한다. 가령 甲子人이 丙寅月 戊寅日 丙辰·丁巳時이며, 또 甲午丙寅이 또 寅을 만나고 만약 時가 退祿을 만나는 것이다. 元은 本이다. 干이 그 氣를 잃지 않아야 하니, 가령 甲乙은 東方, 丙丁은 南方, 戊己는 四季, 庚申辛酉, 壬癸子亥가 모두 本氣이니 반드시 균평해야 한다.]

11. 六親의 盛衰(육친의 성쇠)

八方之卦, 能推陰女盛衰.

팔방의 괘로 陰女(부녀자)의 성쇠를 추리할 수 있다.

將八卦推婦女之象, 乾老陽主翁父, 坤老陰主婆母, 艮少男, 震長男, 坎中男, 巽長女, 離中女, 兌少女, 八卦言之. 又云凡 人命犯死絶無氣者, 定為好人家也. 若有干合支合三合多者, 定夫不真也. 忌旺相多也忌壬癸多也. 得用有庚辛, 為富貴受 祿, 忌馬也. 假令甲以辛為夫, 視其辛道辛家上見者, 干在何 方位也. 假令甲子金人六月辛未月為夫道, 八月癸酉為夫家. 若四柱無破夫道夫家, 須旺, 在辛壬相之地者, 定夫安老也. 反此則不貴也.

[팔괘를 가지고 부녀의 象을 추리하니, 乾은 老陽으로 翁父(아버지)이고 坤은 老陰으로 婆母(어머니)이며, 艮은 小男, 震은 장남, 坎은 中男, 巽은 장녀, 離는 中女, 兌는 少女이니 팔괘로 말한 것이다. 무릇 人命이 死絶을 범하고 無氣하면 반드시 好人家가 되며, 만약 干合 支合 三合이 많으면 夫가 참되지 않으며, 旺相이 많은 것을 꺼리고 壬

癸가 많은 것을 꺼리며, 庚辛을 쓸 수 있으면 부귀하고 祿을 받으며 馬를 꺼린다. 가령 甲은 辛을 夫로 삼으니, 그 辛의 道와 辛의 家上에 있는 것을 보아 干이 어느 방위에 있는지를 본다. 가령 甲子金人이 6月 辛未月이면 父道이고, 8月 癸酉면 夫家이다. 만약 사주에 夫道와 夫家를 파함이 없으면 반드시 旺하며, 辛壬이 相의 자리에 있으면 夫가 安老하고 이와 반대면 貴하지 않다.

外者乙以庚為夫, 丙以癸為夫, 丁以壬為夫, 戊以乙為夫, 己以甲為夫, 庚以丁為夫, 辛以丙為夫, 壬以己為夫, 癸以戊為夫, 皆視其家道耳. 八卦所尅大忌, 須問尅甚也. 假令壬寅日金丑寅艮也, 為長男位.[13] 乙巳時火, 時尅日尅長男也. 立長女巽, 長女外翁婆夫兒女同此. 又云見正鬼者, 為偏夫, 偏夫以不正.

이외에 乙은 庚을 夫로, 丙은 癸를 夫로, 丁은 壬을 夫로, 戊는 乙을 夫로, 庚은 丁을 夫로, 辛은 丙을 夫로, 壬은 己를 夫로, 癸는 戊를 夫로 삼으니 모두 그 家道를 본다. 팔괘는 尅을 크게 꺼리니, 반드시 尅의 심함을 따져야 한다. 가령 壬寅日金은 丑寅艮이니 小男의 자리이며, 乙巳時火는

---

13) 長男位는 小男이 되어야 함.

時가 日을 극하니, 장남을 극한다. 長女는 巽이며, 장녀 외에 翁婆·夫·兒女(옹파·부·자녀)14)도 이와 같다. 正鬼를 만나는 경우에는 偏夫가 되니, 편부는 바르지 않은 것이다.]

明路九宮, 更辨陽男得失.
九宮에 길을 밝혀서 다시 陽男의 득실을 분별한다.

九宮者, 坎一坤二震三巽四中五乾六兌七艮八離九. 將生時上下數共合多少數, 便從所得之宮起之. 九宮者一吉二宜三生四殺五鬼六害七傷八難九厄. 假令甲子時上下十八數也, 甲九子九上下一十八數也. 於九宮籌外, 令數入九宮也, 假令乙卯時乙八卯六, 六八四十八. 於九宮除之, 九爻漸退有零數是也. 五九四十五外有三也. 從震上起三生宮, 陽人順陰人逆也, 九宮一吉二宜三生吉也.

[九宮은 坎一 坤二 震三 巽四 中五 乾六 兌七 艮八 離九이다. 生時上下의 수를 가지고 多少의 수를 합하여 얻은 宮으로부터 시작한다. 九宮은 一吉 二宜 三生 四殺 五鬼

---

14) 늙은 부모, 지아비, 아들딸을 뜻함.

六害 七傷 八難 九厄이다. 가령 甲子時의 상하는 18수이
니, 甲9 子9 하여 上下가 18수인 것이다. 구궁의 셈 이외
에 수를 가지고 구궁에 들어가면 乙卯時는 乙은 8 卯는 6
이니 6곱하기 8은 48인데 구궁에서 그것을 제하면 九爻로
점점 퇴거하여 零數가 있으니 5곱하기 9는 45하고 3이 남
는다. 震上에서 三生宮을 일으켜 陽人은 順, 陰人은 逆으
로 세어서, 九宮에서 1吉 2宜 3生은 길한 것이다.]

人逢建破, 妨害尊卑.
사람이 月建이 파를 만나면 존비를 방해한다.

凡有建破者, 主妨害也. 假令五月建庚午日時, 再得午者, 是
也. 外月建同也. 破者, 月建相衝者, 是也. 主破門離土之象,
忌爾. 假令五月建午日時, 得子者, 是也. 外同推之耳.

[月建에 破가 있으면 방해를 주관한다. 가령 5月建이 庚
午日時에 다시 午를 만나는 것이 이것이다. 이외에 월건도
같다. 파는 월건과 상충하는 것이니, 破門離土를 주장하므
로 꺼린다. 가령 5月建 午日時에 子를 만나는 것이 이것이
다. 나머지도 똑같이 헤아린다.]

癸巳與乙卯庚申連戌亥, 九流之士.

癸巳와 乙卯庚申이 戌亥에 이어지면 九流之士이다.

癸巳暗合戌宮, 乙卯水昇閑水, 庚申白虎守, 連戌亥, 天門
之象, 主出九流人, 或身九流. 假令癸巳月乙卯日丙癸戌時者,
應耳. 但三元有上文者, 應之耳.

[癸巳는 戌宮에 암합하고 乙卯水는 승한수이며, 庚申은
白虎가 지키는데 戌亥에 이어지면 天門의 象이니, 구류인
이 나오며 혹은 자신이 구류이다. 가령 癸巳月 乙卯日 丙
癸戌時가 여기게 해당된다. 三元에 上文이 있으면 여기에
해당된다.]

各推前五, 祖宗連後代皆知.

각각 앞의 5位를 헤아리면 祖宗이 이어진 후대를
모두 알 수 있다.

凡胎前五位知祖, 月前五位知父母門户, 日前五位知己身弟
兄妻也. 時前五位知子孫, 其位與支干如何. 假令甲子年丙寅
月己酉日戊辰時丁巳胎, 胎前五位, 得壬戌, 祖上陰人, 犯忌

而亡也. 上祖多病, 水氣而貧下耳. 日前五位, 得甲寅, 主自身功曹官吏立身, 或多近財帛之象. 時前五位, 得癸酉, 應子孫為作顚人也. 六癸為玄武, 故有此, 應出陪近貴人. 甲到酉為暗官, 於癸酉前五位取孫, 得戊寅, 多孫高耳. 外倣此. 迤迤推之落空, 主絶後也. 外頗同.

[胎前五位는 조상을 알고, 月前五位는 부모와 문호를 알고, 日前五位는 자신과 형제 처를 알며, 時前五位는 子孫을 아는 것이니, 그 자리의 干支가 어떠한가를 보는 것이다. 가령 甲子年 丙寅月 己酉日 戊辰時 丁巳胎라면 胎前五位에 壬戌을 만나니, 조상의 陰人이 犯忌하여 사망했으며, 위 조상은 水氣의 病이 많고 빈궁하였다. 日前五位에 甲寅을 만나니, 자신이 功曹관리로 입신하거나 혹 재백을 가까이하는 象이며, 時前五位에 癸酉를 만나니 자손이 作顚人이었으며, 六癸는 현무이므로 이러함이 있으면 貴人을 가까이 모시는 사람이다. 甲이 酉에 이르면 暗官이 되고, 癸酉前五位에 子孫을 취하며, 戊寅을 만나니 자손이 고귀하다. 이외에도 이와 같으며, 연이어 그것을 추리하여 空亡에 떨어지면 후사가 끊어진다. 그 밖에 것도 거의 같다.]

丙丁多或到深山, 陽孤陰亂.

丙丁이 많고 혹 심산에 이르면 陽人은 孤하고 陰
人은 亂(난)하다.

寅為山, 見火多, 主門出陽人孤陰人亂也. 假令丙寅火人,
寅長生, 見火多者, 應耳. 外同.

[寅은 山인데 火를 많이 만나면 집안의 양인은 고하고
음인은 난하다. 가령 丙寅火人은 寅이 장생이니, 火를 많
이 만나면 여기에 해당된다. 그 밖에 것도 같다.]

乙庚同會, 女子娉婷.

乙과 庚이 함께 모이면 자녀들이 아름답다.

几乙庚在旺相, 主門户出秀麗之女也. 乙未人, 七月庚申日
時, 應耳.

[乙과 庚이 旺相에 있으면 집안에서 수려한 여자가 나오
니, 乙未人이 7月庚申日時면 여기에 해당된다.]

乙庚旺相之鄉, 男子和明進顯.

乙庚이 旺相의 鄕에 있으면 男子가 화평하고 밝으며 현달한다.

乙庚眞金也, 在旺相之方, 主男子和明進顯也. 假令庚戌金人己卯乙卯日時, 乙庚真金旺也. 頗同也.

[乙庚은 眞金이니, 旺相의 方에 있으면 남자가 화평하고 밝으며 현달한다. 가령 庚戌金人이 己卯 乙卯日時면 乙庚 眞金이 旺한 것이다. 거의 같다.]

空中有合, 門生虛道閑人

空亡 중에 合이 있으면 門에서 虛道의 閑人이 나온다.

三合六合干合者, 爲此也. 假令庚午人甲戌日乙亥時, 甲子自戌亥年空亡, 乙庚故相合也, 應上文. 假令庚辰月乙酉日時, 干合, 合入空亡. 外同.

[三合 六合 干合이 이것이다. 가령 庚午人이 甲戌日 乙

亥時라면 甲子순에는 戊亥년이 공망이며, 乙庚이 相合하므
로 上文에 해당한다. 가령 庚辰月 乙酉日時면 干合하여 合
이 공망에 든다. 그 밖에 것도 같다.]

丁巳與丁卯冬生, 門内官人進納.

丁巳와 丁卯가 冬月에 생하면 문안에 官人이 진납
한다.

六丁在月日與壬, 為德合也. 故有丁卯丁巳丁亥冬十月, 門
出進納, 或出身之官也. 外仿此.

[六丁이 月日에 壬과 덕합이 되는 것이다. 그러므로 丁
卯 丁巳 丁亥가 있고 冬 10月이면 門戶에서 진납하는 관
리가 나오거나 혹은 出身하는 관리가 있다. 그 밖에 것도
이와 같다.]

土居四季見全, 而多有田林.

土가 사계가 모두 보이는 곳에 머물면 田林이 많다.

辰戌丑未上, 見土者, 久立田園之兆. 要不相尅也. 假令甲子人, 辛未月土丁巳日土辛丑時土壬戌胎水, 四季土見土也.

[辰戌丑未上에 土를 만나면 오래도록 田園에 서 있을 조짐인데, 반드시 상극하지 않아야 한다. 가령 甲未人이 辛未月土 丁巳日土 辛丑時土 壬戌胎水인 경우에는 四季土가 土를 만난 것이다.]

四柱五行, 定於內外.
四柱오행에 따라 內外를 정한다.

四分柱也, 將子午卯酉定四方也. 在丑寅卯辰巳生人, 以東為內, 西為外. 未申酉戌亥生人, 西為內, 東為外. 午人, 南為內, 北為外. 子人, 北為內, 南為外. 此法, 定內外立身也. 假令丁卯生人, 四柱在丑寅卯辰巳者, 為內. 在未申酉戌亥, 為外立也. 仿此.

[사주에서 子午卯酉로 四方을 정한다. 丑寅卯辰巳生人은 東을 內로 간주하고 西를 外로 간주하며, 未申酉戌亥生人은 酉를 內로, 東을 外로 간주한다. 午人은 南을 內로 北을 外로 간주하며, 子人은 北을 內로, 南을 外로 간주하니, 이

러한 방법으로 內外의 立身을 정하는 것이다. 가령 丁卯人의 사주에 丑寅卯辰巳가 있으면 內가 되고, 未申酉戌亥가 있으면 外立가 된다. 이와 같다.]

命之前後, 陽前而陰後五辰定, 見家宅禍福.

命의 전후에서 陽命은 앞으로 헤아리고 陰命은 뒤로 헤아려 다섯 번째 干支에서 家宅의 禍와 福을 본다.

陽前陰後, 陽命前五辰為宅, 後五辰為墓, 陰命後五辰宅, 前五辰墓. 此法, 此法視當生年中月上布者. 干見者, 下與三主相生相剋 而取之應也. 假令甲寅水人, 辛未月為宅, 癸酉為墓, 取大小運, 取吉凶. 凡視太歲, 歲下神煞取, 見入宅者, 言之應也. 假令甲子金人太歲到辛巳金年, 甲子人前五己巳木為宅, 太歲金, 金剋木宅也. 主門戶殃咎之兆耳. 假令太歲到癸未, 太歲木, 甲子人金辛未土為墓. 太歲剋墓也. 凡大小運同剋宅, 宅內憂患. 若剋墓, 主墳墓憂患, 言內宅外宅也.

[陽은 앞으로 陰은 뒤로 헤아려, 陽命은 앞의 다섯 번째 干支가 宅이고 뒤의 다섯 번째 干支가 墓이며, 陰命은 뒤의 다섯 번째 干支가 宅이고 앞의 다섯 번째 干支가 墓이다.

이법은 當生年 중의 月上에 분포된 것을 자세히 살피는 것인데, 干이 보는 것은 下와 三主의 상생상극을 취하는 것에 해당된다. 가령 甲寅水人은 辛未月이 宅이고 癸酉가 墓이니, 大小운을 취하여 길흉을 取하는 것이다. 무릇 太歲보고 태세 아래의 신살을 취하여 入宅을 보는 것이다. 가령 甲子金人이 태세 辛巳金年에 이르면 甲子人은 앞의 다섯 번째 己巳木이 宅이니, 太歲金이 金剋木宅하므로 문호에 재앙과 허물의 조짐이 있으며, 가령 태세가 癸未에 이르면 太歲가 木이니, 甲子金人은 辛未土가 墓이므로 태세가 墓를 극하는 것이다. 무릇 大小운이 똑같이 宅을 극하면 宅內에 우환이 있으며, 墓를 극하면 분묘에 우환이 있으니, 內宅外宅을 말한 것이다.]

12. 六親尊卑(육친존비)

生逢兄弟不相親, 終見交爭.

生하면서 兄弟를 만나 서로 친하지 않으니, 마침내 交爭함을 본다.

如甲寅水人得乙丑日時者, 甲乙弟兄, 甲兄乙弟, 弟在上兄在下, 逆也. 若乙卯者, 弟兄順也.

[예컨대 甲寅水人이 乙丑日時를 만나면 甲乙이 형제이니, 甲이 兄이고 乙이 弟인데, 弟가 上에 있고 兄이 下에 있으면 逆이 된다. 만약 乙卯라면 弟兄이 順이 된다.]

父子夫妻親外, 皆同前法.

父子와 夫妻의 친밀함과 소원함도 모두 前法과 같다.

此法定尊卑, 父母兄弟夫妻兒女, 其法一揆而推之. 假令甲寅人, 乙弟庚兒辛女丙壻戊父癸母己妻. 凡逆者, 須與尊卑逆也. 順者, 孝順也. 假令甲寅人得己巳日者, 妻逆也, 己建者,妻順也. 父子兄弟上下親類, 皆仿前法.

[이 법은 존비를 정하는 것이니, 부모 형제 부처 자녀들을 한 가지로 헤아려 추리하니, 가령 甲寅人이라면 乙은 弟, 庚은 子, 辛은 女(女息), 丙은 壻(사위), 戊는 父, 癸는 母, 己는 妻이다. 逆은 반드시 존비가 거역되는 것이며, 順은 孝順이다. 가령 甲寅人이 己巳日을 만나면 妻逆이며, 己建(己月)이면 妻順이다. 부자 형제 상하의 친한 부류는 다 前法과 같다.]

視於日時, 識辨子妻.

日時를 보고 子와 妻를 분별한다.

凡生日為妻, 日小則妻小, 日大則妻大也. 假令甲子人丁丑日者, 妻小十三歲也. 若辛酉日者, 妻大三歲. 外同. 子法者, 時上取三變而言之, 方見生甚子也. 假令甲午時變庚午壬午也, 須生金土木子也. 外同. 空不言, 陰人同推.

[생일을 처로 간주하니, 日이 작으면 처가 작고 日이 크면 처가 크다. 가령 甲子人이 丁丑日이면 처가 13세 적으며, 만약 辛酉日이면 처가 3세 많다. 그 밖에 것도 같다.

자식을 보는 법은 時上에서 三變(삼변)을 취하면 비로소
몇 명의 자식을 낳을지 알 수 있다. 가령 甲午時가 庚午
壬午로 변하면 金土木의 자식을 生한다. 그 밖에도 같으며,
공망이면 말하지 않고, 陰人은 똑같이 헤아린다.]

胎月尊人, 推於父母.
胎月은 尊人이니 부모를 추리한다.

凡胎月上干音言, 父母是生命之人. 假令庚戌胎月者, 知父
母是金土之人也. 但取干音, 言其親類也.

[무릇 胎月上의 干音으로 말한다. 부모는 命을 생한 사
람이니, 가령 庚戌胎月이면 부모가 金土人임을 알 수 있다.
다만 干音을 취하여 그 친류를 말하는 것이다.]

13. 貴賤과 疾患(귀천과 질환)

巽離旺相, 丙丁全, 足見高門.

巽(巳)와 離(午)가 왕상하고 丙丁이 갖추어지면
高門을 알 수 있다.

巳午之地, 見丙丁, 多門高也. 假令丁巳人, 丙午日時. 外仿此

[巳午의 자리에 丙丁이 보이면 門이 높으니, 가령 丁巳
人이 丙午日時인 경우이다. 이 밖에 것도 이와 같다.]

壬癸庚辛, 土木同法.

壬癸와 庚辛, 土와 木도 동일한 법으로 판단한다.

甲乙庚辛戊己壬癸, 旺相吉, 無氣凶兆矣.

[甲乙 庚辛 戊己 壬癸가 旺相이면 吉하고 無氣하면 凶의
조짐이 있다.]

刑衝破害戊辛多, 定出軍人.

刑沖破害와 戊辛이 많으면 틀림없이 군인으로 나
간다.

戊爲戈, 辛爲金鋒之刃, 故戊辛多, 定出軍人. 假令戊寅人,
辛酉月辛丑日時. 卯同或門兵.

[戊는 창, 辛은 예리한 칼이므로 戊辛이 많으면 틀림없
이 군인으로 나간다. 가령 戊寅人이 辛酉月 辛丑日時가 여
기에 해당된다. 卯를 함께해도 집안에 군인으로 나간다.]

從魁與亥未, 辛丁遇太常, 酒家利路.

從魁가 亥未와 함께하고 辛丁이 太常을 만나면 酒
家가 이로운 길이다.

從魁酒神, 登明漿神, 小吉, 主酒食. 丁巳太乙, 主酒家. 假
令酉亥未, 上見辛丁己者, 主應上文.

[從魁酒神과 登明漿神과 소길은 酒食을 주관하고, 丁巳
太乙은 酒家를 주장한다. 가령 酉亥未上에 辛丁己를 만나
면 上文에 해당된다.]

亥逢金盛, 癱患長生.

亥가 金이 성함을 만나면 癱患(탄환)이 생긴다.

亥子上見金, 或庚辛到亥上, 主有此疾也. 如庚戌年金人干
支, 見辛亥金, 金病在亥也. 外頗同.

[亥子上에 金을 만나거나 庚辛이 亥上에 도달하면 이러
한 질병이 있는 것이니, 가령 庚戌年金人의 干支가 辛亥金
을 만나면 金의 病이 亥에 있다. 그 밖에 것도 거의 같다.]

水立金中, 門生陰病.

水가 金 중에 있으면 문호에 陰病이 생긴다.

水到申酉上, 主門生陰怯病耳. 假令壬申金有甲申水. 外同此

[水가 申酉上에 이르면 문호에 陰怯病이 생긴다. 가령
壬申金에 甲申水가 있는 것이다. 이 밖에도 거의 같다.]

太衝辛乙無氣, 而道士抽簪.

태충(卯酉)과 辛乙이 있고 無氣地에 임하면 道士

가 비녀를 뽑는다(자리에서 물러난다).

卯酉上見辛乙相尅者, 應也. 辛主觀, 卯酉主日月之門, 又
主陰私在上, 又主私罪耳.

[卯酉上에 辛乙의 相尅을 만나는 것이다. 辛은 道觀을
주관하고, 卯酉는 日月의 門을 주관하고 또 陰私가 위에
있음을 주관하며 또 私罪를 주관한다.]

從魁辛乙相加, 又主還俗和尚.

從魁와 辛乙이 서로 加하면 和尚[15]이 환속한다.

乙酉見辛卯辛酉生也. 爲尼爲沙門辛爲寺舍,[16] 故主耳.

[乙酉가 辛卯 辛酉를 만나는 것이다. 乙은 尼(여승)이고
沙門이며, 辛은 寺舍이기 때문이다.]

辛亥卯上, 定生唇缺之人.

---

15) 승려의 존칭, 수계(受戒)하는 사람의 사표(師表)가 되는 승려.
16) 爲尼爲沙門辛爲寺舍에서 爲尼 앞에 빠진 글이 있는 듯함. 문장의 내용으로 보면 乙로 사려됨.

辛이 亥卯上에 있으면 반드시 입술이 이지러진 사람이 생긴다.

乙卯木兎缺辛反尅之, 主頭面之記, 或缺唇也, 缺病之人. 假令辛卯旹辛卯時, 尅休氣而言.

[乙卯木에 卯가 결여되고 辛이 도리어 그것을 尅하면 頭面의 병을 주관하니, 혹 缺脣(결순, 언청이)이나 缺病의 사람이다. 가령 辛卯日 辛卯時가 尅하고 休氣한 것을 말하는 것이다.]

酉上逢丁, 後須絶嗣.
酉上에 丁을 만나면 뒤에 반드시 후사가 끊어진다.

丁者蛇也, 蛇入人門, 丁酉者凶門也. 酉者辛者, 立後嗣也. 金爲火尅, 必無後嗣也. 如得丁酉, 是矣.

[丁은 뱀이 입문에 들어오는 것인데, 丁酉는 凶門이다. 酉나 辛은 후사를 세우는 것인데, 金이 火에게 극을 당하면 반드시 후사가 없으니, 예컨대 丁酉를 만나는 것이 그것이다.]

戊己如生四柱, 未申中三四同行, 必出甘泉肥壽.

戊己가 만약 四柱에 장생을 만나고 未申 중 3~4
개와 동행하면 반드시 甘泉과 肥壽(비수)가 나온다.

戊己土爲重厚之物, 如到未申長生, 故應之, 建旺者, 門出
近建有壽也.

[戊己土는 중후한 물건인데 만약 未申에 이르면 長生하
므로 여기에 해당하여, 건왕하면 문호에서 近建有壽가 나
온다.]

14. 五行의 太過不及과 合剋
(오행의 태과불급과 합극)

庚辛向無火之鄉, 不義軍人孤女.

庚辛이 火가 없는 곳으로 향하면 의롭지 않아서
군인이나 외로운 여자가 나온다.

庚辛多, 或金多不見上下火, 皆門戶定出軍人孤女子也. 假
令辛未年庚寅月辛酉日辛卯時辛巳胎, 金鄉多見, 無丙丁干
也. 故應上文.

[庚辛이 많거나 혹은 金이 많으면서 上下에 火가 보이지
않으면 모두 문호에 반드시 군인이나 외로운 여자가 나온
다. 가령 辛未年 庚寅月 辛酉日 辛卯時 辛巳胎는 金鄉이
많은데 丙丁干이 없으므로 上文에 해당된다.]

木多繁盛空亡, 而定主飄蓬.

木이 많아 번성하고 공망이 있으면 반드시 떠돌아

다닌다.

木主仁, 多則不仁, 主飄蓬, 散無居立, 不成實之兆, 甲乙
多, 或木多也.
[木은 仁을 주장하는데, 많으면 不仁하므로 떠돌아다니
고 흩어져서 일정한 거처가 없고 열매를 맺지 못하니, 甲
乙이 많거나 木이 많은 것이다.]

有氣逢金, 定爲顯赫.
木이 有氣하면서 金을 만나면 반드시 현달하여 빛
난다.

木多或甲乙多, 在有氣之地, 逢庚辛或金, 有貴氣之兆也.
[木이 많거나 甲乙이 많으면서 有氣地에 있고, 庚辛이나
金을 만나면 貴氣의 조짐이 있다.]

十干五行, 見同上法.
十干五行도 上法과 똑같이 본다.

其外, 火多見水, 水多見土, 土多見木, 木多見金, 金多見火, 上下皆同上法.

[그 밖에 火가 많으면서 水를 만나고, 水가 많으면서 土를 만나고, 土가 많으면서 木을 만나고, 木이 많으면서 金을 만나고, 金이 많으면서 火를 만나는 것도 上下가 모두 위에 法과 같다.]

壬癸都向旺中, 必須流落.

壬癸가 모두 旺 중을 향하면 반드시 流浪榮落(유랑영락) 한다.

壬癸多則散而流也, 或水多亦同. 若無土者, 不成氣象散漫也.

[壬癸가 많으면 흩어져 유랑하니, 水가 많아도 같다. 만약 土가 없으면 氣象을 이루지 못하여 흩어진다.]

盛則太過, 少則不及.

성하면 太過(너무 지나치고) 적으면 不及(모자란다)이다.

太多要鬼, 太少要旺.

[너무 많으면 鬼가 있어야 하고, 너무 적으면 旺하게 해야 한다.]

四清本旺俱全, 而文武兩昇.

四清이 본래 旺하여 모두 온전하면 文武에 모두 오른다.

四孟上見干旺氣者, 是也. 假令甲寅庚申癸亥丁巳, 皆干清旺也. 主文武清貴耳. 又云納音旺者, 為濁榮也. 假令庚申木甲申水乙巳火丁亥土, 此者納音生旺也, 外同.

[四孟上에 干旺氣를 만나는 것이 이것이다. 가령 甲寅庚申 癸亥 丁巳는 모두 干이 清旺한 것이니, 文武清貴를 주장한다. 또 납음이 旺한 것을 濁榮이라 하니, 가령 庚申木 甲申水 乙巳火 丁亥土 이것은 납음이 生旺한 것이다. 그 외에도 같다.]

四仲見之有旺, 則門主生貴.

四仲上에서 旺함을 만나면 집안에서 貴를 낳는다.

子午卯酉上見旺, 則以貴耳. 上干下納音耳, 假令癸酉金人,
戊午火月丙子水日辛卯木時, 乃四柱各見納音旺耳. 如乙卯辛
酉丙午壬子者, 下也. 分陰陽清濁, 上下言之. 其外同.

[子午卯酉上에 旺함을 만나면 귀하게 되니, 上은 干이고
下는 납음이다. 가령 癸酉金人이 戊午火月 丙子水日 辛卯
木時면 곧 사주가 각각 납음 旺을 만난 것이며, 乙卯 辛酉
丙午 壬子는 下이다. 陰陽清濁을 분별하여 상하로 말한 것
이다. 그 밖에 것도 같다.]

季中全犯有升, 而庫藏之官.
四季 중에 온전히 번성함이 있으면 庫藏의 官이
된다.

辰戌丑未上見旺氣者, 主庫藏之官, 尤與上法同推.

[辰戌丑未上에 旺氣를 만나면 庫藏의 官을 주장하니, 上
法과 같이 헤아린다.]

我去刑辰, 必掌兵刑之任.

내가 辰을 刑하면 반드시 兵刑의 책임을 맡는다.

上刑下, 是也. 假令庚戌金人逢癸未日時木, 上刑下也. 返此者, 犯法橫死之命, 須視其眞假也.

[上이 下를 刑하는 것이다. 가령 庚戌金人이 癸未日時木을 만나면 上이 下를 刑하는 것이며, 이와 반대가 되면 犯法 橫死하는 命이니, 반드시 眞假를 보아야 한다.]

乙庚旺, 方外聲名.

乙庚이 旺하면 四方 밖에 명성이 있다.

金方四角也, 主聲主有頭角, 主四方之聲名也. 見旺相而言之, 假令庚戌人六月乙酉日時, 六月乙庚金相, 而土又旺, 故主此耳.

[金은 반듯한 四角이며, 聲(성)과 頭角(두각)이니 四方의 명성을 주관한다. 旺相을 만나는 것으로 말한 것이니, 가령 庚戌人이 6月 乙酉日時면 6월은 乙庚金이 相이고 土가 또 旺하므로 이러한 것이다.]

戊癸炎輪, 多生禮德.

戊癸가 旺相의 자리에 있으면 禮德이 나온다.

戊癸眞火在旺相之地, 主門生禮義德智耳.

[戊癸眞火가 旺相地에 있으면 문호에서 禮義德智의 인물
이 나온다.]

丙辛眞化, 水盛陰淫.

丙辛이 眞化하면 水가 성하여 음흉음탕하다.

眞水多, 則主智太盛陰淫之象.

[眞水가 많으면 智가 너무 성하여 음흉하고 음탕한 象을
주장한다.]

甲己同交, 交之有信.

甲己가 함께 사귀면 交友에 信義가 있다.

甲己眞土也, 主信厚而重之記耳.

[甲己는 眞土이니, 信厚를 주관하고 중시한다.]

諸卦吉凶, 視於遠近.

모든 괘의 길흉을 원근에 따라 살핀다.

旺則吉凶近, 休囚則吉凶遠也.

[旺하면 길흉이 가깝고, 休囚되면 길흉이 멀다.]

木中有土, 鬼怪常聞.

木 중에 土가 있으면 괴이한 소리가 항상 들린다.

先有辛卯木, 後見己卯土, 主門戶驚恐怪異之狀耳.

[먼저 辛卯木이 있고 뒤에 己卯土가 보이면 門戶에 놀랍고 괴이한 형상이 있다.]

金上安仁, 門中虛耗.

金 위에 木을 두면 門 중에 허모함이 있다.

先有癸酉金, 後有辛酉木, 主虛耗在於門戶.

[먼저 癸酉金이 있고, 뒤에 辛酉木이 있으면 문호에 헛되게 소모함이 있다.]

火加金位, 孤寡貧窮.

火가 金位에 이르면 孤寡(고과)하고 빈궁하다.

火為身, 到申酉之地主耳.

[火가 身인 경우에 申酉地에 이르는 것이다.]

炎到水鄉, 女人癱瘓.

火가 水鄉에 이르면 여인에게 중풍병이 있다.

火入水中, 主陰人患病耳.

[火가 水 중에 들어가면 陰人(여자)의 병환이 있다.]

巽離同乾宮, 出冷勞男子.

巽(巳) 離(午)가 乾宮을 함께하면 남자에게 冷勞
(냉로)17)의 질환이 있다.

己午干18) 或丙丁干到戌亥者, 主此應上文耳.

[巳午나 丙丁干이 戌亥에 이르면 上文에 해당한다.]

丙壬同震, 陽惑陰亂之宮.

丙壬이 震을 함께하면 남녀가 음란한 궁에 미혹된다.

丙長男, 壬長女, 卯私門, 見之, 主男女不正, 或甚不道. 假
令壬午人, 乙卯日時, 或丙子人, 己卯日時. 其外仿此.

[丙은 장남이고 壬은 장녀인데, 卯는 私門이니 이것을
만나면 남녀가 부정하거나 매우 부도덕하다. 가령 壬午人
이 乙卯日時거나 丙子人이 己卯日時면 여기에 해당된다.
그 밖에 것도 이와 같다.]

---

17) 氣血(기혈)이 부족하고 장부의 陽氣가 허하여 생기는 寒症(한증)이 심한 병.
18) 己午干은 巳午地이어야 될 듯함.

木入烟中, 疾爲小下.

木이 연기 속으로 들어가면 아이와 아랫사람에게 병이 된다.

五行胎伐地也, 假令戊辰木人, 得巳午未多也, 或立爲不道之士小下之人也. 外無氣破同耳.

[오행의 胎伐의 자리이니 가령 戊辰木人이 巳午未를 많이 만나면 혹 곧바로 不道之士나 小下之人이 된다. 이외에 無氣 破면 이와 같다.]

旺相休囚, 問於進退.

旺相休囚로 진퇴를 따진다.

在旺相者尊, 有死絶者卑, 下與上法同耳.

[旺相에 있으면 존귀하고 사절에 있으면 비천하니 下와 上의 法이 같다.]

壬來朝甲有眞官, 中女須榮.

壬이 甲에 내조하고 眞官이 있으면 中女가 반드시 영화롭다.

六壬人到寅上甲己有合者, 應上文耳. 假令壬人己酉月甲寅日時, 頗同.

[六壬人이 寅上의 甲己合에 이르면 上文에 해당된다. 가령 壬人이 己酉月 甲寅日時면 이와 같다.]

胎月朝時建旺, 則祖先富貴.

胎月이 時를 조회하여 건왕하면 先祖가 富貴하다.

乃胎月祖門也, 時日引之. 建旺建祿建貴者, 有祖道富貴耳. 假令己丑火胎, 得壬午日時, 己祿在下, 故祿發祖也. 假令庚午月土得甲申日時, 庚祿在申者, 門旺有父母力, 外日有, 則己身妻財, 時子孫也.

[胎月은 祖門이니, 時日이 그것을 인도하여 建旺 建祿 建貴하는 경우에는 祖道富貴가 있는 것이다. 가령 己丑火胎가 壬午日時를 만나면 己의 祿이 아래에 있으므로 祿을

發한 祖上이 된다. 가령 庚午月土가 甲申日時를 만나서 庚의 녹이 申에 있으면 門旺하여 부모의 힘이 있고, 日에 있으면 자신과 妻財이며, 時는 자손이다.]

三交四聚, 因官而借出其名.

셋이 사귀고 넷이 모이면 官을 근거로 그 힘을 빌려 이름을 낸다.

胎朝月, 月朝日, 日朝時, 名倍禄也. 但非本禄馬, 四柱去換有禄馬者, 皆居因富貴人引薦而進耳. 假令乙酉水人, 甲申月水, 丙寅日火, 癸巳時水, 甲朝寅丙朝巳, 故借貴.

[胎가 月을 향하고, 月이 日을 향하고, 日이 時를 향하면 이름과 祿이 배가 된다. 다만 본래의 녹마가 아니라도 四柱에 녹마가 있으면 모두 富貴한 사람의 천거로 인하여 나아가는 것이다. 가령 乙酉水人이 甲申月水 丙寅日火 癸巳時水라면 甲이 寅을 향하고 丙이 巳를 향하므로 貴를 빌리는 것이다.]

15. 刑의 凶과 疾患(형의 흉과 질환)

帶刑全申巳寅, 定有官刑嗔訟.

刑을 대동하여 申巳寅을 갖추면 반드시 官刑과 嗔訟(진송)이 있다.

寅天成, 申天史, 巳太乙, 申天馬, 皆爲官訟之神也. 若四柱見之, 主應刑獄官嗔之兆. 假令寅年巳月申日時, 應. 外同.

[寅은 天成, 申은 天史, 巳는 太乙, 申은 天馬이니 모두 官訟을 행하는 神이다. 만약 사주에 이러한 것을 만나면 刑獄官嗔(형옥관진)의 조짐이 있으니, 가령 寅年 巳月 申日時가 여기에 해당된다. 그 외에도 같다.]

自刑重見, 自死自凶.

自刑이 거듭 보이면 自死하거나 自凶해진다.

辰午酉亥, 爲自刑也. 若更下尅上者, 主自凶之兆. 假令戊申土人, 得乙酉日時, 當先有官事, 而後投井死也. 或水病而

凶, 又戊辰獄刑争訟, 戊午勾陳, 持戊丁酉, 鬼火驚憂, 癸酉
玄武得路, 但依見尅身者, 言之. 假令戊辰木人, 得癸酉日時,
應玄武鬼賊所失. 外頗同.

[辰·午·酉·亥가 自刑이니, 만약 다시 下剋上하면 自
凶의 조짐이 있다. 가령 戊申土人이 乙酉日時를 만나면 마
땅히 먼저 官事가 있고, 뒤에 우물에 빠져 죽거나 혹은 水
病으로 흉해진다. 또 戊辰은 옥형쟁송이고 戊午는 勾陣이
니, 戊丁酉를 지니면 鬼火로 놀라며, 癸酉는 현무가 길을
얻으니, 다만 身을 극하는 것에 의하여 말한 것이다. 가령
戊辰木人이 癸酉日時를 만나면 현무귀적에게 잃음을 당한
다. 그 밖에도 거의 같다.]

子卯相刑, 門無禮德.
子와 卯가 相刑하면 집안에 禮와 德이 없다.

卯為三光之戶, 子為神水之元, 各有勢而相刑, 既見相侵,
子卯見之, 多無禮德之兆.
[卯는 三光의 門이고, 子는 神水의 元이니, 각각 권세를
지니고 相刑하여 서로 침범을 당하므로 子卯가 보이면 대

부분 禮德이 없는 것이다.]

丑逢戌未犯支刑, 肢病難痊.

丑이 戌未를 만나 支刑을 범하면 사지의 병이 낫기 어렵다.

丑大吉, 戌天魁, 未小吉, 各有金火木之墓毒氣. 故犯者, 多有四肢病難痊也. 假令己丑火人, 甲戌火月丁未日時, 應上文耳.

[丑은 大吉, 戌은 天魁, 未는 小吉이니, 각각 金·火·木의 墓로 독기가 있으므로, 이것을 범하면 四肢의 병이 낫기 어렵다. 가령 己丑火人이 甲戌火月 丁未日時면 상문에 해당된다.]

辰卯相加, 必有獄刑腰脚.

辰과 卯가 서로 가해지면 반드시 獄刑과 허리와 다리에 재앙이 있다.

卯者陰賊, 辰者天罡, 見者主應耳.

[卯는 陰賊(음적)이고 辰은 천강이니, 이것을 만나면 여기에 해당된다.]

寅來加巳, 子孫憂慍燒身.

寅이 巳에 들어가면 자손이 근심으로 몸을 태운다.

寅木也, 巳火也, 木入火中, 故有此應也. 假令甲寅水人, 得己巳日時. 外同此.

[寅은 木이고 巳는 火인데, 木이 火 속으로 들어가기 때문에 이러한 반응이 있는 것이다. 가령 甲寅水人이 己巳日時를 만나는 것이다. 그 밖에도 같다.]

巳立功曹, 必見尊官所失.

巳가 功曹에 서면 반드시 尊官에게 손실당한다.

寅爲功曹, 寅刑巳, 巳到寅者, 受其刑也. 故有應耳. 假令己巳人得甲寅或壬寅日. 外同.

[寅은 功曹(공조)이고 寅은 巳을 刑하니, 巳가 寅에 이르

면 刑을 받으므로 이러함이 있는 것이다. 가령 己巳人이
甲寅이나 壬寅日을 만나는 것이다. 그 밖에도 같다.]

午逢丑位, 久病內氣之災.
午가 丑位를 만나면 久病과 內氣에 재앙이 있다.

午旺火, 丑墓金, 火金相加, 故心有內氣之病耳.
[午는 火가 旺이고 丑은 金의 墓이니, 火와 金이 서로 加
해지면 心에 內氣의 病이 있는 것이다.]

丑入炎陽, 必有四肢深厄.
丑이 炎陽에 들어가면 반드시 四肢에 深厄이 있다.

丑墓金入旺火, 故主四肢深厄之患. 假令辛丑人, 得壬午日
時. 外同.
[丑墓金이 火旺에 들어가므로, 四肢심액의 질환이 있는
것이다. 가령 辛丑人이 壬午日時를 만나는 것이다. 그 외
에도 같다.]

子臨井宿, 須生脾胃之殃.

子가 井宿에 임하면 반드시 脾胃에 재앙이 생긴다.

子水到未土, 土尅水, 故主上也. 假令丙子水人, 得辛未日
時. 外頗同.

[子水가 未土에 이르면 土尅水하므로 上文과 같다. 가령
丙子水人이 辛未日時를 만나는 것이다. 그 밖에 것도 거의
같다.]

未到子鄉, 定見尊凶婦厄.

未가 子鄉에 이르면 반드시 尊人이 凶하고 婦人이
厄을 당한다.

未小吉也, 土神, 子神后, 主婦人, 又主尊人. 假令未人, 子
丑時應.

[未는 小吉이고 土神이며, 子는 神后이고 婦人과 尊人을
주관한다. 가령 未人이 子丑時인 경우가 해당된다.]

亥申二勢爭强, 不爾道路散失.

亥와 申 두 세력은 강함을 다투니, 도로에서 散失
되는 것에 지나지 않는다.

各持臨官之勢, 又云亥陰賊, 申傳送, 多生爭競道路失散之
象. 假令申人得亥, 亥人得申, 皆應上法.

[각각 臨官의 세력을 지니며, 또 亥는 陰賊, 申은 電送이므
로 경쟁하여 도로에서 산실되는 형상이 많이 생긴다. 가령 申
人이 亥를 만나고, 亥人이 申을 만나면 위에 법에 해당한다.]

建逢酉戌, 鬼賊門病終憂, 不爾小人相害.

建이 酉戌을 만나면 鬼賊과 門病으로 마침내 근심
하게 되며, 그렇지 않으면 小人이 서로 해친다.

戌火之墓, 酉旺金, 金火相加, 故見此. 又戌奴婢, 故主小人
相害. 外同耳.

[戌은 火의 墓이고 酉는 金의 旺이니, 金火가 서로 加하
므로 이러함을 만나며, 또 戌은 노비이므로 小人이 相害하
는 것이다. 이 밖에도 같다.]

16. 旺吉(왕길)

旺中有卦本全, 而出自淸名.

旺 중에 卦의 本이 온전하면 청명한 인물이 나온다.

亥卯未人, 春得亥卯未. 寅午戌人, 夏得寅午戌. 申子辰人, 冬得申子辰. 巳酉丑人, 秋得巳酉丑. 四季人, 六月得辰戌丑未也. 若遇此本家卦, 主門出富貴人也.

[亥卯未人이 봄에 亥卯未를 만나고, 寅午戌人이 여름에 寅午戌을 만나고, 申子辰人이 겨울에 申子辰을 만나고, 巳酉丑人이 가을에 巳酉丑을 만나고, 四季人이 6月에 辰戌丑未를 만나는 것이다. 만약 이러한 本家卦를 만나면 門中에서 富貴한 사람이 나온다.]

五卦頗同, 文武尊卑自顯.

五卦가 거의 같으면 文武의 존비가 저절로 들어난다.

水木主文, 火土金主武. 又云若太歲得用者, 尊, 不用者, 卑也. 假令甲寅水人, 得寅午戌火卦者, 乃應此卦也. 若戌午寅者進也, 寅午戌者退也. 若丙寅火人, 得寅午戌者, 主貴氣, 外五卦頗同.

[水木은 文을 주관하고 火土金은 武를 주관하며, 太歲가 쓰임을 만나면 尊이고 쓰이지 않으면 卑이다. 가령 甲寅水人이 寅午戌火卦를 만나면 이 卦에 해당한다. 만약 戌午寅이면 進이고 寅午戌이면 退이다. 만약 丙寅火人이 寅午戌을 만나면 貴氣를 주장하니, 나머지 五卦도 거의 같다.]

分三辨五, 旺相尊名, 死囚休廢卑賤.

세 가지를 구분하고 다섯 가지로 분별하여 旺相하면 명성이 높고, 死囚休廢하면 비천하다.

分三者, 分三主也, 天地人三方也. 辨五者, 指年月日時胎中, 有何喜何憂. 若旺相為吉, 死囚休廢為凶憂也.

[分三은 三主를 분별하는 것이니, 天地人 三方이며, 辨五는 年月日時胎 중에 어떤 기쁨과 어떤 근심이 있는지 분별하는 것이다. 만약 旺相하면 吉하고 死囚休廢하면 흉과 근심이 있다.]

17. 支合(지합)

子來合丑, 宮觀閑人

子가 와서 丑을 만나면 宮觀의 閑人이다.

子爲帝釋之宮, 丑爲雲室之房. 子合丑者不順, 丑合子者順也.
[子는 帝釋의 宮이고, 丑은 雲室의 房이니, 子가 丑을 만나면 不順이고 丑이 子를 만나면 順이다.]

丑到子鄕, 復爲眞吉.

丑이 子鄕에 이르면 다시 眞吉이 된다.

丑人合子順, 子合丑不順.
[丑人이 子와 합하면 順이고, 子가 丑과 합하면 不順이다.]

亥朝寅位, 滋養外人.

亥가 寅位를 향하면 外人을 기른다.

亥者, 無氣之水, 寅者, 天梁之木. 亥必奔流, 木必有根. 故亥合寅, 不順.

[亥는 無氣의 水이고, 寅은 天梁의 木이며, 亥는 奔流하고, 木은 有根이므로, 亥가 寅을 만나는 것은 不順이다.]

寅入天宮, 顯然之兆.

寅이 天宮에 들어가면 뚜렷하게 드러날 조짐이다.

寅木就亥水, 滋生吉. 凡寅生合亥吉順也.

[寅木이 亥水에 나아가면 자생하여 吉하니, 寅과 亥와 生合하면 吉順하다.]

天魁到卯, 破敗土田.

天魁(戌)가 卯에 이르면 土田을 파패한다.

戌者, 天都之山. 卯者, 三光之戶.

[戌은 天都의 山, 卯는 三光의 戶이다.]

木人天魁, 復為吉兆.

木人이 天魁에 들어가면 다시 길조가 된다.

卯合戌順, 戌合卯不順. 戶可就山之吉.

[卯가 戌을 만나면 順, 戌이 卯를 만나면 不順이며, 戶(卯)가 山에 나아갈 수 있으니 길하다.]

酉朝罡上, 金土兩和.

酉가 罡上을 향하면 金土가 둘이 화합한다.

酉金合辰, 上兩合和合之象耳.

[酉金이 辰을 만나 위에서 둘이 화합하는 상이다.]

罡到金中, 和中有訟.

罡(辰)이 金중에 이르면 화합 중에 다툼이 있다.

土人金者, 先和而後怯也. 故言後訟之象耳.

[土人이 金을 만나면 먼저 화합하다가 뒤에 위협하므로

後訟이라 한 것이다.]

已刑傳送, 道路長行.
巳가 傳送(申)을 刑하면 도로 위에서 오래도록 다닌다.

巳刑申, 巳火刑申金, 上尅下, 故順刑, 道路長行之兆耳.
[巳가 申을 刑하면, 巳火가 申金을 刑하여 下尅上하므로 順刑이니, 도로에서 오래도록 다니는 것이다.]

申到巳中, 行人返復.
申이 巳 중에 이르면 행인이 반복된다.

申金人巳火, 逆也, 故行人返復也.
[申金人과 巳火는 逆이므로 行人이 반복되는 것이다.]

未午合分得失, 未吉午凶.

未午가 합하면 득실이 나뉘니, 未는 吉하고 午는
凶하다.

未土逢火生吉, 午火逢未土凶.
[未土가 火의 生함을 만나면 吉하고, 午火가 未土를 만
나면 凶하다.]

細視陰陽, 居分得失.
음양을 자세히 살펴 득실을 분별한다.

何先何後, 何吉何凶, 細視之三元下.
[무엇이 선이고 무엇이 후이며, 무엇이 길하며 무엇이
흉인지를 三元下에서 자세히 살핀다.]

18. 總之(총지)

全逢下尅, 四親孤, 尤忌二尊.

전체가 下尅을 당하면 四親(부모 형제)이 고독하
고 二尊(부모)에게 더욱 꺼린다.

支尅干也. 假令癸未木, 壬戌月庚午日己卯時癸丑胎, 皆下
尅上. 主四親二尊人, 尤忌之象.

[支가 干을 극하는 것이니, 가령 癸未木 壬戌月 己卯時
癸丑胎면 모두 하극상으로 四親二尊에게 더욱 해로운 상
이다.]

復立上宮多, 常退陰人小口.

다시 上宮에 극함이 많으면 항상 여자와 어린이가
줄어든다.

干尅支多也. 假令甲辰年甲戌月丙辰日己亥時, 上尅多. 陰

人小口尤忌.

[干이 극하는 것이니, 가령 甲辰年 甲戌月 丙辰日 己亥時면 上剋下함이 많으니, 陰人과 小口가 더욱 해롭다.]

三來剋下, 官嗔.

三干이 아래를 극하면 官이 진노한다.

三干剋三支也. 假令乙丑年甲戌月丁酉日, 皆是三上剋下也. 外頗同.

[三干이 三支를 극하는 것이니, 가령 乙丑年 甲戌月 丁酉日이면 모두 三上이 下를 극하는 것이다. 이 밖에도 거의 같다.]

三制上時, 鬼賊.

三支가 上을 제압할 때에는 귀적의 해로움이 있다.

三支剋三干也. 假令甲子年庚午月乙酉日甲申時, 三下剋上, 應鬼賊小人之害.

[三支가 三干을 극하는 것이니, 가령 甲子年 庚午月 乙酉日 甲申時면 三下(三支)가 上(三干)을 극하므로, 鬼賊이 있고 小人이 해를 당한다.]

二上二下, 同類妻財之事.
二上(二干)이 上剋下이고 二下(二支)가 下剋上이면 형제와 처재의 일이 있다.

二上剋下, 兄弟之憂, 妻財之災耳.
[二上이 下를 극하면 형제의 근심과 처재의 재앙이 있다.]

一剋則論於勝負, 尤分背我之情.
一剋이면 승부를 논하니, 더욱 상대와 나의 情을 분별해야 한다.

我剋柱則吉, 柱剋我則憂.
[我가 柱를 극하면 길하고, 柱가 我를 극하면 흉하다.]

四時明辨吉凶, 災福自然明矣.

四時로 길흉을 밝게 분별하면 災와 福이 저절로
밝혀진다.

識四時之吉凶也, 春甲乙丙丁戊己庚辛壬癸, 皆視甲相死囚
休言之.

[四時의 길흉을 아는 것이니, 春의 甲・乙・丙・丁・戊・
己・庚・辛・壬・癸는 모두 甲의 相死囚休를 보고 말한
것이다.]

干要天分, 支言十二周還.

干은 天이 나뉜 것이고, 支는 十二가 一周하는 것
이다.

十干也, 甲爲齊, 乙爲夷, 丙楚, 丁蠻, 戊韓, 己魏, 庚秦,
辛戎, 壬燕, 癸狄, 干分也. 支者, 寅燕, 卯宋, 辰鄭, 巳楚, 午
周, 木秦, 申晋, 酉趙, 戌魯, 亥魏, 子齊, 丑吳.

[十干은 甲은 齊, 乙은 夷, 丙은 楚, 丁은 蠻, 戊는 韓, 己
는 魏, 庚은 秦, 辛은 戎, 壬은 燕, 癸는 狄이니, 干이 나뉜

것이다. 十二支는 寅은 燕, 卯는 宋, 辰는 鄭, 巳는 楚, 午
는 周, 木은 秦, 申은 晋, 酉는 趙, 戌은 魯, 亥는 魏, 子는
齊, 丑은 吳이다.]

地理山岡, 足見清濁之用.

地理와 山岡으로 청탁의 작용을 알 수 있다.

言地理之內, 甲麒麟, 乙天獄, 丙鳳凰, 丁刑戮, 戊黃龍, 己
白虎, 庚章無, 辛地禍, 壬玉堂, 癸死喪耳.

[地理의 안을 말한 것이니, 甲은 麒麟, 乙은 天獄, 丙은
鳳凰, 丁은 刑戮, 戊는 黃龍, 己는 白虎, 庚은 章無, 辛은
地禍, 壬은 玉堂, 癸는 死喪이다.]

大小凶衰, 四神, 更兼蒿里.

大小와 凶衰는 四神을 보고 다시 蒿里(호리)를 겸
하여 본다.

四神吉者, 甲丙庚壬吉, 外六干凶. 蒿里者, 傳送功曹, 如年

姓墓者, 葬之大吉耳.

[四神의 吉은 甲丙庚壬은 吉하고 그 밖의 六干은 凶하다. 蒿里는 전송과 공조이니 年姓墓와 같으면 葬의 大吉이다.]

上推日月山河,

上으로는 日月山河를 헤아리고,

甲主日, 乙主月, 丙主天, 丁主地, 戊主山, 己主城, 庚主國, 辛主土, 壬主江河, 癸主大海.

[甲은 日을 주관하고, 乙은 月을 주관하고, 丙은 天을 주관하고, 丁은 地를 주관하고, 戊는 山을 주관하고, 己는 城을 주관하고, 庚은 國을 주관하고, 辛은 土를 주관하고, 壬은 江河를 주관하며, 癸는 大海를 주관한다.]

中見人之內外.

中으로는 사람의 內外를 본다.

甲乙主頭頂, 內主肝, 外主目. 丙丁主肩, 內主心, 外主舌.

戊己主腹, 內主脾胃, 外主脣. 庚辛主骨, 內主肺, 外主鼻. 壬癸主脚膝, 內主腎, 外主耳. 皆取十干言之.

[甲乙은 頭頂을 주관하는데, 안으로는 肝을 주관하고, 밖으로는 目을 주관한다. 丙丁은 肩을 주관하는데, 안으로는 心을 주관하고 밖으로는 舌를 주관한다. 戊己는 腹을 주관하는데, 안으로는 脾胃를 주관하고 밖으로는 脣을 주관한다. 庚辛은 骨을 주관하는데, 안으로는 肺를 주관하고 밖으로는 鼻를 주관한다. 壬癸는 脚膝을 주관하는데, 안으로는 腎을 주관하고 밖으로는 耳를 주관한다. 이것은 모두 十干을 취하여 말한 것이다.]

循環八卦, 總推真假五行.
팔괘를 순환하며, 眞假 오행을 총괄하여 말하였다.

乾者老陽, 坤者老陰, 艮少男, 震長男, 坎中男, 巽長女, 離中女, 兌少女, 八卦見而言之矣.

[乾은 老陽, 坤은 老陰, 艮은 少男, 震은 長男, 坎은 中男, 巽은 長女, 離는 中女, 兌는 少女이니, 팔괘로 말한 것이다.]

將干之神, 言其面色.

十干의 神으로 그 面色을 말한다.

甲青, 乙碧, 丙赤, 丁紫, 戊黃, 己紅, 庚白, 辛淡, 壬黑, 癸綠. 日干時干, 合言之.

[甲은 青, 乙은 碧, 丙은 赤, 丁은 紫, 戊는 黃, 己는 紅, 庚은 白, 辛은 淡, 壬은 黑, 癸는 綠이니, 日干과 時干을 合하여 말하였다.]

把音神, 見身貌真詳.

音神을 가지고 身貌의 진상을 알 수 있다.

日時納音有氣者, 大. 下生上, 大. 上生下, 小. 日時無, 小. 言之.

[日時의 납음이 有氣하면 身貌가 크다. 下가 上을 생하면 크고, 上이 下를 생하면 작으며, 日時가 無氣하면 작다. 이것을 말한 것이다.]

干傷, 定頭面之災.

干이 손상되면 頭面의 재앙이 있고,

日時尅歲干者, 主頭面之損耳.

[日時가 歲干을 극하면 頭面에 손상이 있다.]

音損者, 四肢爲患.

납음이 손상되면 四肢에 근심이 있다.

納音日時尅歲音者, 主身及四肢不全之患耳.

[納音의 日時가 歲音을 극하면 身과 四肢가 온전치 못한 근심이 있다.]

今施前聖諸經, 共作一家之論.

이제 前聖[19]의 諸經에 시행한 것을 함께 一家의 論으로 지었다.

---

19) 前聖: 앞서 한 방면에 대하여 더 뛰어난 사람.

郭公所施諸聖為祖者, 以尊其上文.

[郭公20)이 諸聖이 시행한 것을 조종(근본)으로 삼아 (곽박이) 上文을 높인 것이다.]

正道歌用法, 先看眞五行.

正導歌用法이니, 먼저 眞五行을 보고,

甲己眞土, 乙庚眞金, 丙辛眞水, 丁壬眞木, 戊癸眞火, 此眞五行.

[甲己는 眞土, 乙庚은 眞金, 丙辛은 眞水, 丁壬은 眞木, 戊癸는 眞火이니, 이것이 眞오행이다.]

假眞成敗, 細推尋.

眞假와 성패를 자세히 헤아려 찾아야 한다.

---

20)『진서』「곽박전」에 그의 사적을 다음과 같이 서술하였다. 서술 부분에서 郭公이란 인물이 나온다. "곽박은 經術을 좋아하여 박학하고 재주가 높았다. 그러나 언변에는 능하지 못하였다. 詞賦는 中興연간(386~394)의 으뜸이었다. 기괴한 옛 글자를 좋아하고 음양산술에 정묘하였다. 郭公이란 자가 하동에 객으로 와서 거처하면서 복서에 정밀하였는데, 곽박이 그에게서 수업을 하였다. 곽공은『靑囊中書』9권을 곽박에게 주었다. 이에 마침내 오행 천문 복서의 술법을 깨우쳐, 재앙을 물리치고 화를 복으로 바꾸는 등 두루 통달하여 하나에 치우치지 않았다. 따라서 경방이나 관로라 하더라도 능가할 수 없었다." 廖名春, 康學偉, 梁韋弦著, 심경호 역,『周易哲學史』, 예문서원, 2004, pp.327~328.

造化合, 在長生冠帶臨官建旺者, 眞五行也. 無氣者, 假.

[조화의 합이 長生·冠帶·臨官·建旺에 있으면 眞五行
이고, 無氣하면 假五行이다.]

陰干遇陽, 官印貴.

陰干이 陽을 만난 것이 官印이면 귀하다.

凡陰干遇合者, 官印貴夫也. 須要有氣眞, 無氣假.

[무릇 陰干이 합을 만난 것이 官印이면 지아비가 貴하니,
반드시 有氣해야 眞이고 無氣하면 假이다.]

陽逢陰化, 是妻因.

陽이 陰을 만나 化하는 것은 妻의 因이다.

凡陽遇陰合, 爲妻財之說也.

[陽이 陰을 만나 합하면 妻財가 되는 說이다.]

合在敗鄉, 添外姓.

合이 敗鄉에 있으면 外姓을 더한다.21)

凡合在無墓絶者,22) 應上文之兆.

[合이 墓絶에 있으면 上文에 해당한다.]

造於旺相, 後人亨.

조화가 상생에 있으면 후인들이 형통한다.

造化在長生冠帶臨官建旺者, 後人昌盛也.

[조화가 長生·冠帶·臨官·建旺에 있으면 後人(자손)이
장성한다.]

又說天元, 分內外.

또 天元을 말하여 內外를 분별하며,

---

21) 수양자녀 혹은 다른 성씨를 가진 사람이 와서 가업을 계승함.
22) 無는 衍文인 듯함.

分内合外合也. 若自己有合者, 為内合也. 合因祖而成就也. 或在本主非本合者, 主外立, 或失鄉. 假令見甲己為内合, 壬人見甲己, 非本干合者, 為出合. 仿此.

[내합과 외합을 분별한다. 자기에게 合이 있으면 内合이니, 合이 祖로 인하여 성취되며, 혹 本이 있어도 本合이 아니면 밖에서 立身하거나 失鄉한다. 가령 甲己는 内合이니, 壬人이 甲己를 만나면 本干合이 아니니 出合이 된다. 이와 같다.]

且須四柱視孤門.

또 반드시 사주에서 孤門을 보아야 한다.

此法, 非孤辰寡宿, 乃是年月日時胎中有孤令者, 應耳. 假令年孤令者, 遠祖. 身孤月孤令者, 父母門孤. 日孤令者, 弟兄妻及身孤. 時孤令者, 子孫孤也. 假令甲子年丁丑月辛亥日甲午時者, 子孫孤也. 外同.

[이 법은 고진과숙이 아니라, 이것은 年·月·日·時·胎 중에 孤令이 있으면 여기에 해당하니, 가령 年고령이면 조상을 멀리하고, 身孤 令 月孤令은 부모문이 고독하고,

日孤令은 형제처자 및 자신이 고독하고, 時孤令은 자손이 고독하다. 가령 甲子年 丁丑月 辛亥日 甲午時라면 자손이 고독하다. 이 밖에도 같다.]

上來生下, 身貧賤.
上이 와서 下를 생하면 身이 빈천하고,

論納音也. 凡年生月, 月生日, 日生時者, 身必貧賤也. 然富貴亦非長久也. 假令甲子金年, 丁丑月水, 戊辰日木, 戊午時火, 皆應上生下也. 外頗同.

[납음을 논한 것이다. 年이 月을 생하고, 月이 日을 생하고, 日이 時를 생하면 身이 반드시 빈천하며, 부귀하더라도 오래가지 않는다. 가령 甲子年金 丁丑月水 戊辰日木 戊午時火면 모두 上이 下를 生하는 것이다. 이 밖에도 거의 같다.]

下如生上, 進前程.
下가 만약 上을 생하면 사람의 장래 운명이 進發한다.

時生日, 日生月, 月生年胎者, 皆下生上也. 應進發之命. 假
令甲子年金, 辛未月土, 己卯日土, 癸酉時金, 壬戌胎水, 時
生胎月日生命, 應進名財也.

[時가 日을 생하고, 日이 月을 생하고, 月이 年胎를 생하
면 모두 下가 上을 생하는 것이니, 進發하는 命이다. 甲子
年金, 辛未月土, 己卯日土, 癸酉時金, 壬戌胎水라면 年時가
胎를 생하고 月日이 年을 생하는 命이니, 명성과 재물이
발전한다.]

有食有鬼, 為官貴.
食이 있고 鬼가 있으면 官貴가 된다.

前見食神, 後見祿鬼, 為官, 官要有氣也. 假令甲子金人, 丙
寅月火, 庚辰日金, 庚鬼也. 先為丙所制, 制為官. 假令金人
先有水, 後見火者,然也. 干音同推之.

[앞에 食神이 보이고 뒤에 祿鬼가 보이면 官이며, 官은
氣가 있어야 한다. 가령 甲子金人이 丙寅月火 庚辰日金이
면 庚鬼이니, 먼저 丙에게 제압당하는데 제압하는 것은 官
이다. 가령 金人이 먼저 水가 있고 뒤에 火가 보이면 그와

같다. 干과 音도 똑같이 헤아린다.]

先財後逆, 也須榮.
먼저 財가 보이고 뒤에 逆이 있으면 또한 반드시
번영한다.

　先見財神, 後見到食, 為官印. 假令甲子人, 戊辰月, 壬寅日
時, 壬食神為先有戊所制, 制却為推印之說. 外見同斷.
　[먼저 財神이 보이고 뒤에 到食이 보이면 官印이다. 가
령 甲子人이 戊辰月 壬寅日時이면 壬食神이 먼저이고 戊
에게 제압당하는데, 제압이 도리어 印으로 헤아리게 되는
것이다. 그 밖에도 같이 추단한다.]

四柱往來, 交互尅.
사주가 왕래하면서 서로 극하면,

　上下相尅者, 視之. 若時日尅歲胎月者, 視其上下也.
　[上下가 상극함을 보는 것이니, 만약 時日이 歲胎月을

극하면 그 上下를 보는 것이다.]

須向局中, 問救神.

반드시 局 중에서 救神을 찾아야 한다.

視其干音所救耳. 假令金人見火爲鬼. 若有水爲救神.

[干音의 구제하는 바를 보는 것이니, 가령 金人이 火를
만나면 鬼가 되니, 만약 水가 있으면 救神이 된다.]

純陰純陽, 孤寡象.

純陰과 純陽은 孤寡의 象이다.

陽干多, 陽孤. 陰干多, 陰寡. 晝多者, 陽孤. 夜多者, 陰寡.

[陽干이 많으면 陽人이 孤하고, 陰干이 많으면 陰人이
寡하다. 낮이 많으면 陽孤이고, 밤이 많으면 陰寡이다.]

合盛夫妻, 再立婚.

合이 많으면 夫妻가 재혼한다.

合多, 妻多也. 男妻多, 女夫多耳.
[合이 많으면 妻가 많으니, 남자는 妻가 많고 여자는 夫
(지아비)가 많다.]

支干五行, 推地利.
干支오행으로 地利를 추리하며,

干音要得地利者, 識貴賤得失進退耳.
[干과 音이 지리를 얻으면 귀천 득실 진퇴를 안다.]

更詳天祿馬之情.
다시 天祿天馬의 情을 살펴야 한다.

此法, 非本祿本馬也. 乃言天祿天馬者, 是也. 假令甲子年
金, 丙寅為祿, 馬本地得者, 非為至貴也. 若諸位見丙, 丙有
氣者, 為天祿天馬也. 外頗同此.

[이법은 本祿과 本馬가 아니니, 天祿과 天馬를 말한 것
이다. 가령 甲子年金이면 丙寅이 녹마이니, 本地에서 만나
면 至貴가 아니며, 만약 여러 자리에서 丙을 만나 丙이 有
氣하면 천록천마가 된다. 그 외에도 거의 이와 같다.]

神殺劫亡, 非本理.
신살 겁망은 本理가 아니며,

非用神殺, 言貴賤得失耳.
[신살을 써서 귀천득실을 말하는 것이 아니다.]

支干五帝, 是元根.
支干의 五帝가 근본이다.

十干五行, 為真用耳.
[十干五行이 眞用이 된다.]

空亡疊犯, 空偏正.

空亡을 거듭 범하면 空에 偏正이 있다.

凡陽見陽, 陰皆落空也. 陰見陽, 陽見陰, 非落空也.

[무릇 陽이 陽을 만나면 陰이 모두 空에 떨어지며, 陰이 陽을 만나고 陽이 陰을 만나면 空에 떨어지지 않는다.]

六害三刑, 辯五行.

六害 三刑은 五行을 분별해야 한다.

凡六害三刑, 刑衝破敗一歸. 只不尅身者, 無咎. 尅者, 有凶也.

[육해 삼형 형 충 파 패가 동일하게 돌아가니, 다만 身을 극하지 않으면 재앙이 없고, 尅하면 凶하다.]

三奇逆順, 非眞貴.

三奇의 逆順은 眞貴가 아니다.

見三奇者, 要陽奇順, 陰奇逆也. 假令甲戊庚陽也, 要順隨太陽行. 假令乙丙丁為陰奇陰奇, 要逆隨太陰行也. 但本干在時有氣者, 見奇為富貴. 若非此者, 為虛奇也九流之人. 實, 則為真貴耳.

[三奇를 만나면 陽奇는 順이고 陰奇는 亦이다. 가령 甲戊庚은 陽이므로 太陽으로 順隨하여 行하며, 가령 乙丙丁은 陰奇이니, 陰奇는 太陰으로 逆隨하여 행한다. 다만 本干이 時에 있으며 有氣한 경우에 奇를 만나면 富貴하며, 이러한 경우가 아니면 虛奇이니 九流之人이며, 實하면 眞貴가 된다.]

六儀之神, 有降昇.
六義의 神은 降昇(강승)이 있다.

六儀者, 甲子旬中甲子甲戌甲申甲午甲辰甲寅, 同為旬中見年順干為儀也. 假令辛未年得庚午者, 乃有儀有貴耳, 此者年儀也. 又有月建日時有月者, 為之月儀也. 假令甲午人辛未日時, 當年六月是辛未, 乃 有貴有儀.

[六義는 甲子旬 중의 甲子·甲戌·甲申·甲午·甲辰·甲寅이니 똑같이 旬 중에서 年을 만나 順干이 儀가 된다.

가령 辛未년이 庚午를 만나면 儀가 있고 貴가 있는데, 이
것이 年義이다. 또 月建 日 時에 있으면 月에 있는 것을
月儀라 한다. 가령 甲午人이 辛未日時인데 당년 六月이 辛
未라면 貴가 있고 儀가 있다.]

五行太盛, 逢吞發.
五行이 太盛하면 吞(탄)을 만나야 發한다.

在旺相之地, 有干鬼到食者, 發祿耳.
[旺相의 자리에 있고 干鬼와 到食이 있으면 發祿한다.]

干敗音囚, 忌戰争.
干이 패하고 音이 囚하면 전쟁을 꺼린다.

自己干無力者, 要安静之兆, 忌争.
[자기의 干이 무력하면 안정해야 하니, 전쟁(剋)을 꺼린다.]

旺鄕有鬼, 爲官貴.

旺鄕에 鬼가 있으면 官貴가 된다.

納音在建旺, 相有氣地也, 見干音鬼, 貴也.

[납음이 建旺하며 相有氣地에 있고, 干音의 鬼를 만나면
貴하다.]

敗地逢官, 也不仁.

敗地에서 官을 만나면 不仁하다.

身干立敗地, 見官殺, 却爲鬼也.

[身干이 敗地에서 官殺을 만나면 도리어 鬼가 된다.]

不俱四緖生成建, 月日時中借氣分.

四緖를 함께하여 建을 생성하지 못하면 月日時 중
에서 氣分을 차용한다.

若太歲不得四時之氣者, 待月日時中干音借用以有力也, 胎則不取. 假令甲子金人, 丙子月水, 辛巳日金, 乙未時金, 詳丙辛乙未, 立建旺之地者, 以為用, 非但本干耳. 假令四十六後, 入辛巳運, 乃丙子辛巳二, 主皆喜以名借氣之限. 外同.

[만약 태세가 四時의 氣를 얻지 못하면 月日時 중의 干音을 차용하여 힘이 있기를 기다리며, 胎는 취하지 않는다. 가령 金人이 丙子月水 辛巳日金 乙未時金이면 丙辛乙未를 살펴 建旺之地를 세우면 그것을 用으로 삼으니, 本干뿐만이 아니다. 가령 46세 이후에 辛巳운으로 들어가면 丙子와 辛巳 둘이 모두 喜運이므로, "借氣의 限"이 된다. 이 밖에도 같다.]

木見旺金多, 主強生合, 須仁反不純.

木이 旺을 만나고 金이 많으면 強함이 生合하니, 仁이 도리어 불순하다.

木多遇金者, 主強生旺多者, 仁多入敗地者, 仁中不仁之咎.
[木이 많고 金을 만나면 強生旺을 주장하니, 仁이 많아 敗地에 들어가면 仁 중에 不仁의 허물이 있다.]

火入離中, 生萬物, 旺相生多, 壽不倫.

火가 離(午) 중에 들어가 만물을 生하여 旺相이 많이 생기면 壽가 길지 않다.

火多無水者, 太過. 太過者, 無後也.

[火가 많고 水가 없으면 태과하니, 태과하면 後代가 없다.]

金向旺中, 須損折, 有火三光, 保利名.

金이 旺 중을 향하면 반드시 손절하는데, 火三光이 있으면 名利을 보존한다.

金多則, 損折耳. 有火則, 成器耳.

[金이 많으면 損折(손절)하는데, 火가 있으면 그릇을 이룬다.]

土積山岡, 多不動, 眞宮有路, 廣田林.

土가 山岡에 쌓이면 움직이지 않으며, 眞宮에 길이 있으면 田林이 넓다.

土多者, 成山成岱也. 多種而不動, 田林廣巨. 薄者, 好遊歷也.

[土가 많으면 山을 이루고 岱을 이루니, 種이 많아 움직이지 않으면 田林이 넓고 크다. 적으면 돌아다니기 좋아한다.]

水盛, 定須防走失.

水가 盛하면 반드시 走失을 막아야 한다.

水多, 則走失耳.

[水가 많으면 주실한다.]

智若逢多, 則不寧.

智가 만약 많음을 만나면 편안치 않다.

水旺相, 則不寧之兆.

[水가 왕상이면 편안치 않을 조짐이다.]

干支進退, 知先後.

干支의 진퇴로 선후를 안다.

十干, 從上至下, 為退, 從下至上, 為進耳.

[十干이 上에서 下에 이르면 退가 되고, 下로부터 上에 이르면 進이다.]

五行昇降, 定衰興.

五行의 승강으로 衰와 興을 정한다.

干定昇降旺相興衰, 干音耳.

[干은 승강 왕상 흥쇠를 정하니, 干과 音이다.]

四孟全淸, 逢應發.

四孟이 완전히 청하면 발달을 만나며,

凡四孟見有力之鄕者, 發耳.

[四孟(寅申巳亥)이 유력한 향을 만나면 발달한다.]

四仲俱安, 柄不輕.

四仲이 모두 편안하면 권세가 가볍지 않으며,

子午卯酉上, 見旺相氣, 主富貴耳.

[子午卯酉上에 旺相의 氣를 만나면 부귀하다.]

四季土刑, 刑忌殺, 犯者家宅不利尊.

四季土의 刑으로, 刑은 殺을 꺼리니, 犯하는 경우에는 家宅이 불리하다.

辰戌丑未四季見者, 主上文耳.

[辰戌丑未 四季가 모이면 上文에 해당한다.]

卦見本家, 須富貴.

卦가 本家를 만나면 반드시 부귀한다.

申子辰水人見本卦, 吉. 午人得之, 返尅. 凶卦同.

[申子辰水人이 本卦를 만나면 길하며, 午人이 그것을 만나면 返剋한다. 凶卦도 같다.]

返剋之人, 定有嗔.
返剋人은 반드시 진노가 있다.

火人得申子辰, 水人得土卦, 土人得木卦, 木人得金卦, 金人得火卦.
[火人이 申子辰을 만나고, 水人이 土卦를 만나고, 土人이 木卦를 만나고, 金人이 火卦를 만나는 것이다.]

三限歲遊大小吏納限, 行宮度送迎.
三限과 태세와 대소운이 납한이니, 행궁하여 送迎을 헤아린다.

月日時為三主, 三主與太歲大小二運納限. 諸吉凶在甚宮, 取吉凶而言之. 假令甲子人, 三月戊辰月辛未日癸巳時己未胎, 便以生月上加子, 順數, 到天上生時, 為命宮. 從戊辰到酉上, 見己得癸酉, 為命宮. 甲戌二兄, 弟乙亥三妻妾, 丙子四子孫, 丁丑五資財, 戊寅六田宅, 己卯七官祿, 庚辰八奴僕, 辛巳九災厄, 壬午十福德, 癸未十一相貌, 甲申十二父母. 男子順行, 女人逆行, 視大小運歲限, 相生相剋, 言之.

[日・月・時가 三主이니, 三主와 太歲 大小二運이 納限이며, 모든 길흉이 어느 궁에 있을 때 吉凶을 취하는가를 말한 것이다. 가령 甲子人이 三月戊辰月 辛未日 癸巳時 己未胎라면 生月上에 子를 加하여 順數로 天上生時에 이르면 命宮이며, 戊辰으로부터 酉上에 이르러 己를 만나고 癸酉를 만나면 命宮이며, 甲戌은 2형제이고, 乙亥는 3처첩, 丙子는 4자손, 丁丑은 5資財, 戊寅은 6田宅, 己卯는 7官祿, 庚辰은 8노복, 辛巳는 9災厄, 壬午는 10복덕, 癸未는 11상모, 甲申은 12부모이다. 남자는 순행 여자는 역행하며, 大小運 歲限과 相生相剋함을 보고 말한다.]

再問命中, 何得失.

다시 命 중에 득실이 무엇인가를 헤아린다.

推其眞假得失之路.

[그 眞假와 득실의 길을 헤아린다.]

吉凶行遊, 辨主星.

吉凶行遊는 主星으로 분별한다.

三主推之, 二十五前月主事, 五十前日主事, 五十後時主事,
以主星言之.

[三主를 추리하니, 25세 전에는 月이 事를 주관하고, 50
세 전에는 日이 事를 주관하니, 主星으로 말한 것이다.]

詳限下音依卦法.

限下音이 의지한 卦法을 상세히 살핀다.

詳論當生年中得何卦, 言之. 假令申子辰者, 水也, 詳水之
得失. 外巳酉丑, 亥卯未, 寅午戌, 頗同耳.

[當生年 중에 어떤 괘를 얻는가를 상세히 논하여 말한
것이다. 가령 申子辰은 水이니, 水의 득실을 살피는 것이
며, 그 밖에 巳酉丑, 亥卯未, 寅午戌도 이와 같다.]

天將神門及貴人.

天將의 神門이 귀인에 미친다.

甲也靑龍, 乙六合, 丙朱雀, 丁螣蛇, 戊勾陳, 巳太常, 庚白
虎, 辛太陰, 壬天后, 癸玄武, 問所得者干言之. 假令甲寅月
六, 行靑龍主限. 外同.

[甲은 靑龍, 乙은 六合, 丙은 朱雀, 丁은 螣蛇, 戊는 勾陳,
巳는 太常, 庚은 白虎, 辛는 太陰, 壬은 天后, 癸는 玄武이
니, 만나는 干으로 말한 것이다. 가령 甲寅6월이면 靑龍限
이다. 이 밖에도 같다.]

印墓神藏, 兼氣德.

印墓神藏은 氣德을 겸한다.

五印, 甲戌火印, 壬辰水印, 丙辰土印, 乙丑金印, 癸未木
印. 氣旺為印, 氣敗為墓. 若輕建旺為庫, 不輕旺相為墓, 子
細視之. 德者, 甲德自處, 己德, 在甲. 但陽在自基, 陰在夫合.
外仿此.

[五印은 甲戌은 火印이고, 壬辰은 水印이고, 丙辰은 土印

이고, 乙丑은 金印이고, 癸未는 木印이니, 氣가 旺하면 印이고 氣가 敗하면 墓이다. 만약 경하고 건왕하면 庫가 되고, 가볍지 않고 旺相하면 墓가 되니 자세히 보아야 한다. 德은 甲德은 자신에게 있고 己德은 甲에 있는데, 다만 陽은 자기에게 있고 陰은 夫合에 있다. 이 밖에도 이와 같다.]

吉將朝元, 我命應.
吉將이 元을 향하면 我命이 응한다.

假令甲子人, 丙寅為祿馬吉將也. 得甲戌月生者, 凶門也, 與命如何. 外同.
[가령 甲子人은 丙寅이 祿馬吉將이다. 甲戌月生을 만나면 凶門이니, 命에 어떠하겠는가? 그 밖에도 같다.]

草木東方, 分甲乙.
초목과 동방은 甲乙로 구분한다.

甲木, 乙草.

[甲은 木, 乙은 草이다.]

灰火, 非同是丙丁.
재와 불은 똑같은 丙丁이 아니다.

丙火, 丁灰.
[丙은 불, 丁은 재이다.]

戊己中央, 歸土糞.
戊己는 중앙이니, 土와 糞(분)으로 돌아간다.

戊土, 己糞.
[戊는 土, 己는 분이다.]

金石之化, 到庚辛.
金석이 化하면 庚辛에 이른다.

庚金, 辛石.

[庚은 金, 辛은 石이다.]

癸陰大海, 壬江水.

癸陰은 大海이고, 壬은 江水이다.

壬江河, 癸湖海.

[壬은 江河이고, 癸는 湖海이다.]

謹須照下細推呈.

　『옥조정진경』을 출간하기 전『자평진전』,『이허중명서』,
『적천수천미 상』,『적천수천미 하』,『궁통보감』,『명리약
언』을 공역하던 중인 2013년 11월 29일에 원광대 동양학
연구소 주최 제10차 학술대회에 본 역자가 논평자로 참석
할 기회가 있었다. 그 기회가 지금『옥조정진경』을 번역하
는 인연으로 이어지게 되었다.

　논평을 하기 위해 장옹 주의『옥조정진경』과 서자평 주
의『옥조신응진경』을 자세히 살필 수 있었다. 그런데 모두
곽박의 손에서 본문이 나왔는데 문장이 다른 부분이 있었
다. 예를 들면『옥조정진경』에 나온 본문은 "進退干音識辨,
要明得失"(干과 납음의 진퇴를 식별하면 득실을 밝힐 수
있다)이고,『옥조신응진경』에는 "進退干支, 識辨兮, 要明得
失"(干支의 진퇴를 식별하면 득실을 밝힐 수 있다)이다.

　장옹과 서자평 두 사람의 주석하는 방식에 따라 본문 문

장 내용이 다르다는 것을 알게 되었다. 이것은 주석자가 자기 견해에 맞게 곽박이 저술한 본문 문장을 바꿨을 가능성이 충분히 있다고 볼 수 있다.

『옥조정진경』은 앞서 역자가 공역한 바 있는『이허중명서』와도 연관된 내용이 있는 것을 알 수 있었다. 이 문헌이 명리이론의 시대적 분류와 분석 방식, 또한 용어 등 연구할 충분한 가치가 있다고 생각되어 고법으로 주석한 장옹 주의『옥조정진경』을 택하여 번역 출간하게 되었다. 이 책이 학자나 학우들에게 명리이론 연구에 중요한 자료가 많아 도움을 줄 수 있다고 사료되니, 미흡하더라도 작은 보탬이 되었으면 하는 바람이다.

『옥조정진경』을 비롯하여 여러 책을 번역할 수 있도록 훌륭한 명리서를 저술해주신 옛 선인들에게 머리 숙여 감사드린다. 번역할 수 있도록 도와주고 격려와 아낌없는 응원을 보내 주신 모든 분께 감사드린다. 혹시 번역에 도움이 될지 모르겠다면서 中國白話 자료를 보내준 신혜연 후배 동문께도 고맙다는 인사를 전한다.

2016년 6월 正明院에서
旦岩 김정혜

옥 조 정 진 경

초판인쇄 2016년 8월 15일
초판발행 2016년 8월 15일

지은이 郭璞撰 張顒註
옮긴이 김정혜
펴낸이 채종준
펴낸곳 한국학술정보㈜
주소 경기도 파주시 회동길 230(문발동)
전화 031) 908-3181(대표)
팩스 031) 908-3189
홈페이지 http://ebook.kstudy.com
전자우편 출판사업부 publish@kstudy.com
등록 제일산-115호(2000. 6. 19)

ISBN 978-89-268-7504-9 93150